本书为北京文化产业与出版传媒研究基地成果

北京文化产业与出版传媒成果报告

（第一辑）

范文静　衣凤鹏　张　佩◎著

经济管理出版社

ECONOMY & MANAGEMENT PUBLISHING HOUSE

图书在版编目（CIP）数据

北京文化产业与出版传媒成果报告．第一辑/范文静，张佩，衣凤鹏著．—北京：经济管理出版社，2022.6

ISBN 978-7-5096-8478-8

Ⅰ.①北…　Ⅱ.①范…　②张…　③衣…　Ⅲ.①文化产业—研究报告—北京　②出版业—发展—研究报告—北京　③传播事业—发展—研究报告—北京　Ⅳ.①G127.1　②G239.271　③G219.271

中国版本图书馆 CIP 数据核字（2022）第 104738 号

组稿编辑：魏晨红
责任编辑：魏晨红
责任印制：黄章平
责任校对：陈　颖

出版发行：经济管理出版社
　　　　　（北京市海淀区北蜂窝 8 号中雅大厦 A 座 11 层 100038）
网　　址：www.E-mp.com.cn
电　　话：（010）51915602
印　　刷：北京市海淀区唐家岭福利印刷厂
经　　销：新华书店
开　　本：720mm×1000mm/16
印　　张：11
字　　数：150 千字
版　　次：2023 年 2 月第 1 版　　2023 年 2 月第 1 次印刷
书　　号：ISBN 978-7-5096-8478-8
定　　价：68.00 元

目 录

第一篇　文化产业创新视角下北京夜间经济发展策略研究

第二篇　中国"古典文学"与文化的影像化、数据化传播研究报告

第三篇 北京出版业高质量发展：
评价指标体系构建与测度

第一篇 文化产业创新视角下北京夜间经济发展策略研究

第一章 研究背景和意义

第一节 夜间经济溯源

20世纪70年代，英国为改善城市中心区域夜晚的空城现象，提出以发展酒吧、夜总会、俱乐部等娱乐业态来复兴中心城区的夜间经济发展计划，并于1995年将夜间经济纳入城市发展战略。2002年，英国学者Paul Chatterton和Robert Hollands将夜间经济以"城市夜间休闲规划"（Urbanplay Scape of City Nightlife）作为一个概念提出，意味着"夜景灯光"成为国外夜游经济和夜间旅游的一个重要关联线索。

夜间经济是以城市居民和外来游客为消费主体，以旅游、购物、餐饮、住宿、休闲娱乐、演出等为主要业态类型，在夜晚目的地时空下进行的各种商业消费活动的总称。夜间经济既是当代文旅融合发展理论体系的研究新领域，也是学术新成果。城市夜间经济不同于一般意义上的夜市，而是一种基于时段性划分的经济形态，一般指从当日下午6点到次日早上6点所发生的"三产"服务业方面的商务活动，是以服务业为主体的城市经济在第二时空的进一步延伸。夜间经济是现代城市业态之一，作为"激发新一轮消费升级潜力"的重要举措，夜间经济是经济高质量发展的重要组成部分。它能带动购物、餐饮、文化、娱乐、观光、旅游、健身、交通等多行业的发展，成为城市经济发展新的增长点。同时，夜间经济还可以为城市居民提供更多的就业岗位，极大地缓解城市的就业压力。

第二节　研究背景

《北京市 2018 年国民经济和社会发展统计公报》显示，2018 年，北京 GDP 超过 3 万亿元，全市实现服务性消费额 13658.2 亿元，同比增长 11.8%，北京在全国率先步入服务消费主导时代，新消费模式不断涌现。2018 年，首份反映中国城市深夜活力的"城市支夜"报告发布，报告以移动支付活跃度为指标，重点考察了北京、上海、深圳、成都、南京、武汉等八座城市的深夜消费行为。北京被称为"中年文艺之城"，剧院剧场、茶肆茶社、24 小时书店、院线电影等文化消费都是北京深夜消费的重要市场。关于夜间经济的调查报告可以让我们从真正意义上重视夜间经济，从消费形式来看，夜间消费表现为年轻化、新奇化、多样化的特点，消费升级在夜间经济中也体现得淋漓尽致，追求新奇、变化和质量的消费者不仅扩大了消费需求，更关键的是，激发了市场需求的新活力。以大信息、大旅游、大文化和大健康等"服务型消费"为主的消费市场将成为夜间经济的"蓝海"。

国际上，里昂、伦敦、阿姆斯特丹等将鼓励发展与有效管理相结合，以挖掘城市精神文化内核作为着力点，满足市民与游客精神文化层面的需求，通过促进安全、包容和尊重来平衡游客和居民的需求。国内，天津、南京、济南、上海等十余个城市均出台了促进夜间经济发展的意见。2019 年 7 月北京市商务委正式印发《北京市关于进一步繁荣夜间经济促进消费增长的措施》（以下简称《措施》），推出 13 项举措从文、商、旅各个层面鼓励夜间经济发展。作为国际化大都会，北京应该是个不夜城，也必然是个不夜城。日益壮大的城市中等收入群体，对夜间消费有着刚性需求。朝九晚五已经被颠覆，夜间场景消费不断具化和细分，体现的不仅是消费升级，还有人民群众对美好生活的向往。尽管三里屯、国贸、西单、簋街以及什刹海等地已经成为北京夜间消费的地标，但与北京的体量和地位、人口与财富并不匹配。2019 年故宫上元之夜的一票难求反映了夜间文化消费的巨大需求。夜间经济活跃度体现了一个城市的开放程度和发展水平，更体现了一个城市的文化氛围和生活习惯。夜间经济看似是为了拉动消费，实则展现的是一个城市的文化元素。

夜间经济是现代都市经济业态之一，也是繁荣消费、扩大内需的有效举措，是衡量一个城市经济活力的重要指标，主要是以城市居民和外来游客为消费主体，以旅游、购物、餐饮、住宿、休闲娱乐、演出等为主要业态类型，在夜晚目的地时空下进行的商业消费活动的总称。

从国家层面来说，提倡发展夜间经济，是适应当前国内外发展形势，特别是拉动消费发展经济的迫切需要而做出的战略决策。

从城市层面来说，提高夜间经济收入是提高城市实力与发展的重要策略，是打造城市文化名片的重要措施。

每座城市都有独特的人文风情、传统文化、地域特色，丰富夜间消费文化内涵，在"特色"上做足文章是彰显城市文化的黄金时刻。北京有两千多年的建城史，866 年的建都史，积累了丰富的文化资源。历史文物古迹、民俗文化及有关场所、宗教文化、独特的工艺和技艺、国际性文化盛事和体育赛事、主题公园、演艺等丰富的文化资源是发展夜间文化旅游的资源基础。北京作为全国的科技创新中心，是中国当之无愧的引领技术成果转化的策源地，在人工智能、大数据等新兴产业领域处于世界领先地位。北京在科技资源上的引领性和创造力，为促进文化产业创新，实现"文化+科技"高质量融合发展提供了坚实支撑。

随着社会经济的不断发展和旅游业的升级，传统的"到此一游"模式已经不能满足游客的需求，目的地需要更丰富的旅游产品和旅游吸引物来留住游客。

夜游经济恰好成为目的地旅游转型升级的新动力。同时，也形成了各地不同的文化特色，为夜游的升级奠定了基础。

夜游项目的开发应判断市场需求，综合自身的市场基础、住宿配套、区位优势、度假功能、景区资源等方面综合考虑。在行业管理、经营思路、产品打造、内容创作等方面结合自身特点做好市场定位，能适应市场发展，呈现系统化、多元化、科技化、艺术化等趋势特征。

党的十九届五中全会高度重视文化建设，并明确提出到 2035 年将我国建成文化强国。在此目标背景下，"文化+"成为搭建新场景、融入新市场、链接社会大众的重要途径，并因兼备经济效益与社会效益而具有社会竞争力。"文化+夜间经济"将为构建夜间经济的文化品牌发挥重要作用。

第三节　研究意义

中国长江经济带发展研究院发布的《2020 中国夜间经济发展质量报告》显示，我国夜间经济的市场规模正持续扩大，门票等固定消费模式持续弱化，夜间餐饮、娱乐仍占主导，文化休闲、互动体验、古镇和民俗村尚为一片"蓝海"。夜间经济应积极发展夜市、演出和景区的夜间动能，拓展节事、场馆和街区活动空间。夜间节事活动可以成为文化新载体、城市新名片。文化场馆是城市新风景线，街区是高频消费区、网红打卡地。同时，要注重对书城、古镇和民俗村的消费产品培育。书城承载的是一个城市夜间消费品质的功能，而古镇和民俗村是未来夜游的打卡地。

大力发展夜间经济可以促进经济活动时间的延长、各种设施利用率的提高、就业机会的增多，有助于推动服务业扩张规模，扩大消费，增加税源，聚集财富、产业和人气，提高城市的竞争力和吸引力，拓展游客的消费空间，拉动经济快速增长。切实引导夜间消费的意识，积极培育夜间消费的市场，加快搭建夜间消费的平台，可以丰富它的内涵和魅力，给"以城留人"创造基础条件，让城市的夜晚"亮"起来、人气"聚"起来、商气"火"起来、财气"旺"起来。

1981 年，广州率先开辟"珠江夜游"旅游专线。2000 年前后，媒体对各地一些旅游项目开放夜间参观时段或夜市开设而引爆市场等现象进行报道时，一般以"夜游""夜间旅游""夜间游""夜生活"等进行描述。许多地区纷纷开展以夜游为主体的夜间经济，将其作为转变经济发展方式、促进城市发展的重头戏。2021 年，夜间经济的发展也的确助推了各地复工复产和恢复经济。

夜间经济的发展应从主题游乐、夜游文化、特色餐饮等七个方面推进，增强人民群众的获得感、幸福感。回顾改革开放以来的文旅发展，主要是从资源潜力挖掘和空间拓展上做文章，夜间经济这一时间概念的提出，无疑具有重大的理论意义。虽然有北京三里屯酒吧一条街、南京夫子庙夜游秦淮河、重庆红崖洞、上海外滩等城市夜间经济的实践，但是本书从经济社会现象、资源和市场多角度对夜间经济进行系统分析和理论建构是开创性的。对于很多工薪族而言，朝九晚五的工作节奏很容易让人感慨"阳光下的城市是他们的，月光下的城市才是自己的"。对于"躲得开对酒当歌的夜，却躲不开四下无人的街"的芸芸众生而言，一座座充满人间烟火的城市，一座座可以夜场电影之后接着在夜市吟唱《成都》和《江南》的城市，才是真正意义上主客共享的美好生活空间。

夜间经济是文化和旅游融合发展的需求新潜力、供给新动能。相对于白天走马观花景区打卡，夜晚的休闲属性更有助于游客对当地文化的感知与生活方式的体验。中国长江经济带发展研究院夜间经济质量专项调查数据表明，当前游客夜间旅游参与度高、消费旺，九成左右游客有夜间旅游体验的经历，2020 年中秋节假期游客夜间消费占目的地夜间总消费逾三成。中国长江经济带发展研究院与南京大学信息学院、携程等平台和机构合作的大数据联合实验室研究表明：夜游消费数据稳步增长，观光游船、主题活动、餐饮、文化体验活动成为夜间旅游的新宠。在平均停留 3 天的国内游客样本中，高达 54.5% 的受访者会有 2 个晚上去体验当地生活，而 18～45 岁的中青年亲子游、情侣游的夜游热度最高，占比为 68.9%。

夜间经济是国家和地方经济高质量发展的新方向、新业态、新效能。发展夜间经济有助于推动城乡目的地资源配置从空间拓展转向时间延展，有利于推进文化事业、文化产业和旅游业的深度融合。为了促进经济增长和推动高质量发展，不少地方特别是一、二线城市出台了发展夜间经济的政策，包括购物、餐饮、电影、灯光亮化工程。从总体上看，已经出台的政策主要着眼于本地居民的夜间消费。如何把游客消费纳入其中，在本地居民的基础上增加旅游消费增量，国家和地方相关部门的政策设计亦相当重要。中国长江经济带发展研究院持续开展的中国游客出境满意度与国内游客满意度调查数据表明，这种显著差异首先表现在消费总量上，受时间成本、距离成本等强约束，游客消费支出总额会明显高于本地居民，关注夜间游客有助于进一步增强消费对地方经济的基础性作用，有效实现量增。而且，这种显著差异还反映在游客消费支出结构上，尤其是近两年我国包括旅游在内的重点领域出现的消费升级新趋势，从夜间游客视角重构城市发展的新理念，正带动许多目的地以数字智能技术为触媒，实现城市夜间经济高质量发展。

夜间经济作为都市经济的重要组成部分，是彰显城市特色与活力的重要载体。繁荣发展夜间经济对城市发展、消费升级、业态更新等具有重要意义。在以国内大循环为主体的经济发展新格局背景下，对夜间经济的开发和挖掘是城市发展中不断适应时代变化的重要举措。

从市场视角来看，改革开放 40 多年来，我国经济发展水平快速提升，2019 年 GDP 总量已接近 100 万亿元人民币。"世界第二大经济体""商品消费第二大国"的称号体现了我国有着广阔的消费市场，在庞大人口基数和多元消费需求的加持下，扩大内需成为转变经济发展方式的迫切需要。夜间经济的发展正是以扩大内需、满足内需为出发点和落脚点，创造新的消费场景与业态，为国内经济循环体系的运行提供动力。中国旅游研究院发布的《2020 中国夜间经济发展报告》显示，85%以上的受访者夜游意愿强烈，夜间经济的开发具有较高的市场需求。

从政策视角来看，国内众多城市正为促进夜间经济繁荣发展做出探索。中国旅游研究院统计数据显示，截至 2020 年 10 月 1 日，我国各省市共出台以夜间经济命名的政策文件 82 项，与夜间经济高度相关的政策 197 项。2020 年前三季度出台夜间经济高度相关政策数量和出台主体数量都是 2019 年的近 4 倍。夜间经济已成为当前新发展格局背景下促进国内经济大循环的重要消费领域之一。

第二章 研究内容及思路

第一节 研究内容

本报告主要研究北京夜间文化旅游，即以北京主城区为空间载体，在夜间进行的以寻求文化体验为目的的旅游活动。

在夜游时间上，曹新向（2008）和梅林（2010）认为，夜间旅游一般是指游客在19：00-24：00的旅游活动。岳超和荆延德（2013）认为，夜间旅游是游客从开始晚餐到就寝之间的时段内所进行的各类旅游和休闲活动。赵一静（2019）认为，夜间旅游是游客利用晚18点以后的时间在目的地进行的体验活动。本书认为绝对的时间界定具有局限性，毕竟冬季的18点与夏季的18点、北京的18点与乌鲁木齐的18点虽然时间相同但在同一时间上的活动内容却有较大差异。本书以北京为研究地域，夜间文化旅游主要是指北京晚高峰到就寝时间段内的活动。基于北京冬夏季节的明显差异，夜游活动冬季约从17点始，夏季约从19点始。由于夜游时间上的限制，除去交通等占用的时间，投入旅游的时间仅有1~2小时。因此，游客在城市夜间旅游中往往只能选择有限的几个项目。

在研究对象上，由于夜间旅游的时间特殊性，夜间旅游产品一般不以自然资源为依托，而是以人文旅游资源为基础，因此城市夜间旅游的内容强调文化性。

北京是举世闻名的历史文化名城，宏伟的宫殿、美丽的皇家园林、辉煌的门楼、整齐的胡同等等诉说着北京遥远而漫长的历史故事。古城古韵是北京最璀璨的文化遗产，也是夜间旅游的首选目的地之一，因此，本课题对北京夜间文化旅游需求的研究，首先是对古城古韵夜游需求的研究。北京作为国际化大都市、全国文化中心，在"时尚之都"建设中不断进步。三里屯、银河 SOHO、蓝色港湾等时尚地标，以文化创意、新奇多元等特点吸引了年轻群体，是夜间旅游的重要目的地。因此，时尚都市夜游是本课题的另一研究对象。另外，基于北京博物馆资源众多及今后高品位的文化生活发展趋势，本课题以博物馆夜游为研究对象展开需求调研与问题分析。综上所述，本课题以"古城古韵夜游""时尚都市夜游""博物馆夜游"展开主题研究。

在调研对象上，考虑夜游的主要消费人群是年轻群体，本次调研样本较刻意地选择了"80 后""90 后""00 后"，占比为 85.8%，调研共计采访 1266 人次，样本反映了生活在北京的年轻群体的消费需求和偏好。

第二节 研究总体思路

本课题经过前期的文献研究和政策研究确定选题。在资料收集、数据分析基础上，咨询业内相关专家，确立了以"古城古韵夜游""时尚都市夜游""博物馆夜游"三大主题为代表的北京夜间文化旅游需求研究。主要采用问卷调研、访谈、数据调研等方法，明确了北京夜间文化旅游需求。在此基础上，进一步分析了北京夜间文化旅游存在的问题，并提出了相应的提升路径，如图 2-1 所示。

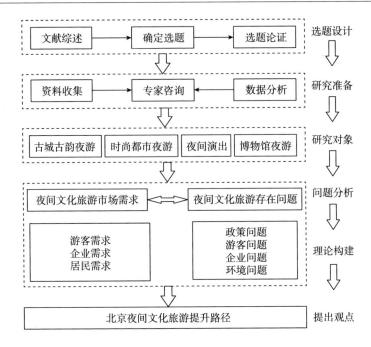

图 2-1 研究思路

第三章　北京夜间文化旅游需求调研

立项以来，课题组成员带领北京印刷学院文化产业管理专业的部分学生迅速启动调研工作，利用周末、暑假、业余时间，历时 4 个多月。调研走访地点涉及前门大街，北京坊、杨梅竹斜街等大栅栏历史文化街区，故宫、地安门内、五四大街等皇城历史文化街区，国贸、万达广场、银河 SOHO 等 CBD 区域，三里屯、五棵松、古北水镇等夜间经济活跃的地区，以及北京自然博物馆、国家博物馆、首都博物馆、军事博物馆等博物馆。共收集有效问卷 1266 份，被调查的男女比例几乎相当，男性占 47.6%，女性占 52.4%；年龄以 18~29 岁最多，占 58.6%，其次为 30~40 岁，占 26.2%，41~50 岁占比为 8.3%；职业以大学生最多，占 36.6%，其次为企事业单位人员，占 32.1%；受教育程度普遍偏高，本科及以上学历占 92.1%，个人月收入以 5000 元及以下为主，占 35.2%，5000~10000 元占 29.4%，1 万~3 万元占 24.6%；本次调查将大学生、在京居住一年及以上的人群均视为本地游客，因此本地游客占 80.9%，外地游客占 19.1%。其中，78% 的受访者认为自己对北京的历史文化具有较多认知，如表 3-1 所示。

表 3-1　样本基本信息

样本基本资料		人数	百分比（%）	样本基本资料		人数	百分比（%）
性别	男	602	47.6	文化程度	高中及以下	100	7.9
	女	664	52.4		大学本科（含在读）	720	56.9

续表

样本基本资料		人数	百分比（%）	样本基本资料		人数	百分比（%）
年龄	18 岁以下	29	2.3	文化程度	硕士	294	23.2
	18~29 岁	742	58.6		博士	152	12.0
	30~40 岁	332	26.2	月收入	5000 元及以下	446	35.2
	41~50 岁	105	8.3		5000~10000 元	372	29.4
	51 岁及以上	58	4.6		1 万~3 万元	311	24.6
职业	大学生	463	36.6		3 万元以上	137	10.8
	企事业单位人员	406	32.1	北京通	非常认同	329	26
	政府公务员	182	14.4		比较认同	658	52
	个体经营者	99	7.8		不认同	279	22
	自由职业者	84	6.6	年夜游次数	1~2 次	38	3.0
	其他	32	2.5		3~5 次	196	15.5
客源	在京居住一年及以上	625	49.4		6~10 次	715	56.5
	北京在校大学生	399	31.5		11~15 次	248	19.6
	来京出差或旅游	242	19.1		15 次以上	68	5.4

第一节　古城古韵夜游需求调研

此次古城古韵夜游需求调研的主要调研地点为前门大街，北京坊、杨梅竹斜街等大栅栏历史文化街区，故宫、地安门内、五四大街等皇城历史文化街区，并通过网络收集了部分问卷。调研共收集有效问卷 442 份。

在问题设置上，为了强化古城古韵生活体验，问卷设置了夜游产品的不同选项，具体为："在北京体验古城古韵夜游时，您通常会选择哪些活动？（可多选）"选项分别是：A. 相声、昆曲等传统表演；B. 茶文化体验；C. 游古城夜景；D. 体验当地特色美食；E. 逛特色书店；F. 其他。其中，选择游古城夜景的人数占比最高，达80.1%；体验当地特色美食的占比达到了75.6%；选择相声、昆曲等传统表演的达55.2%；逛特色书店的达26.2%（见图3-1）。

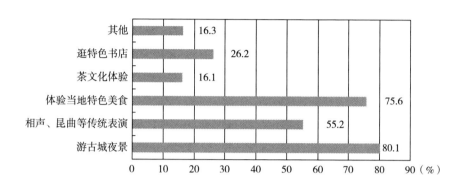

图3-1　古城古韵夜游需求趋向

由此可见，古城风貌对夜间文化旅游具有绝对的吸引力，但是大部分受访者认为北京老城风貌在夜景展示上缺乏特色，如什刹海、南锣鼓巷这样的经典夜游目的地夜间景观没有明显的老城风貌特色，相较于蓝色港湾、三里屯、国贸的时尚调性，北京老城夜景缺乏古韵调性。另外，虽然75.6%的受访者会以体验特色美食作为自己的旅游必选项，但是仍有不少受访者表示北京的特色美食较少，尤其夜市缺乏地域特色，且不够美味。相较于广州、南京、成都、西安等城市的特色美食，北京的食品风味仍需提升。值得一提的是，有26.2%的受访者会以"逛特色书店"作为自己的夜游项目，可见特色书店在城市文化旅游中的角色不容忽视。有55.2%的受访者选择了"相声、昆曲等传统表演"，并且希望能看到北京非物质文化遗产项目的演出。之后，我们对古城古韵夜游满意度进行了调查（见图3-2），笔者认为满意度并不高，只有33.5%的受访者表示满意，40.0%的受访者表示一般，另有26.5%的人表示不满意。而这一结果与时尚都市夜游的满意度（见图3-3）差距甚大，时尚都市夜游仅有11.6%的人表示不满意。可见，古城古韵夜游需要从提高产品供给质量等方面提升游客满意度。

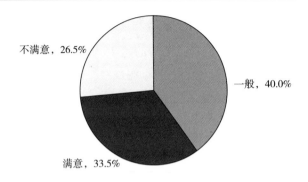

图3-2　古城古韵夜游满意度

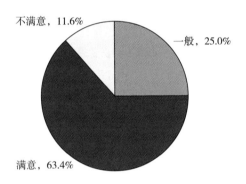

图3-3　时尚都市夜游满意度

　　在游客旅游目的地选择影响因素上，我们设置了问题："体验古城古韵夜游时，您会受哪些因素影响？（可多选）"其中选择"经典知名地"的占比达到了65.2%（见图3-4），大部分人认为前门、大栅栏、故宫、什刹海等北京老城风貌区值得一去再去，但不一定会选择夜间出游。究其原因，一是由于距离带来的交通和时间限制，二是老城夜间旅游项目不够丰富，大部分受访者认为老城区的夜游仍然是以旅游购物类为主，所以，展示古城古韵方面的夜游项目应进行改进和提升，满足游客体验古城文化的需求。网红打卡占到了48.4%，像五道营胡同、杨梅竹斜街、星空走廊、北京坊、白塔寺共生院等网红景点吸引了不少年轻游客。网红景点一般不是传统意义上的景区，更多的是以其独特的建筑艺术、生活场景等反映着城市品质与生活品位。北京老城皇家建筑、古典园林、胡同等文化资源为网红景点的打造提供了资源基础。还有22.6%的游客是走到哪儿看到哪儿的情况，这就更要求北京古都文化体验需要更加全面，让游客在随性而行的情况下也可以体验到北京老城的魅力。

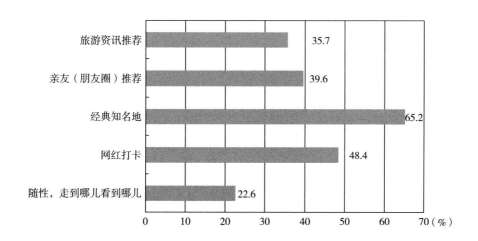

图3-4　古城古韵夜游影响因素

综上分析，可以得到如下结论：多数人对北京有着浓厚的古都情节，古城风貌对旅游者有着绝对的吸引力，但老城风貌在夜景展示上缺乏明显特色，人们希望在夜游中观赏到更具古城特色和古韵调性的城市夜景。"民以食为天"，相当一部分人将体验美食作为夜游的标配，但遗憾的是，相对于南京、成都、广州等城市而言，北京美食缺乏特色，且不够美味。游客既需要"古朴北京"，亦需要"食尚北京"，因此，在饮食上还要增加品味性与特色性，满足夜游者的需求。随着相声、戏曲等传统表演艺术的年轻化表达，传统表演受众日益年轻化，调查样本中有超过半数的夜游者希望得到传统表演艺术的熏陶，而且对北京非物质文化遗产的表演亦有诸多期待，希望看到京韵大鼓、北京皮影、古琴艺术等表演。

虽然大部分人在选择目的地时会考虑经典知名地，如前门、大栅栏、故宫等核心区，但对于居住在北京的大多数人而言，受距离限制，这些并不是夜游的首选目的地，且多数人认为老城夜游以旅游购物为主，在展示古城古韵方面有待进一步改进和提升。"网红打卡"对夜游目的地的选择亦具有较大影响，应注重打造具有独特建筑艺术和生活场景的院落、饭店、街道等。

第二节　时尚都市夜游需求调研

此次时尚都市夜游需求调研的主要调研地点为国贸、万达广场、SOHO 尚都、三里屯、五棵松、蓝色港湾等，并通过网络收集了部分问卷。调研共收集有效问卷 492 份。

在时尚都市夜游体验中，78.5% 的受访者会选择看电影、购物等休闲类活动，69.7% 的受访者会选择演唱会、音乐会等演艺类活动，34.6% 的受访者会选择酒吧、迪厅等娱乐狂欢类活动，18.1% 的受访者会选择球类、夜跑等养生运动类活动（见图 3-5）。

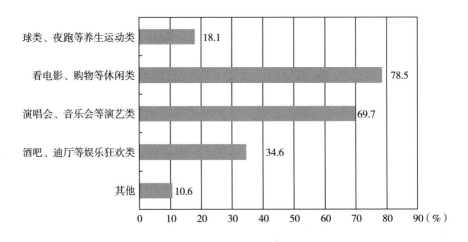

图 3-5　都市夜生活选择趋向

关于消费额度的调查显示（见图3-6），愿意在时尚都市夜游上花费100~300元/人的占31.3%，300~500元/人的高达54.3%。对比之下，古城古韵夜游有约半数（48.9%）的人愿意花费100~300元/人，36.2%的人愿意花费300~500元/人。两类愿意花费大于500元/人的游客不足10%，古城古韵夜游仅有4.8%。综合以上数据，时尚都市夜游的消费支出意愿大于古城古韵夜游（古城古韵夜游花费区间比，由于小数点保留原因四项相加为100.1%，特此说明）。两类愿意支付100元以下的人数均较少，可见在大部分年轻人眼中100元的购买能力有限，不足以支持一次夜游。以上数据显示，人们印象中时尚都市夜游的花费要高于古城古韵夜游，这也契合了古城古韵夜游调研中人们对古城夜游多为旅游购物的认识。

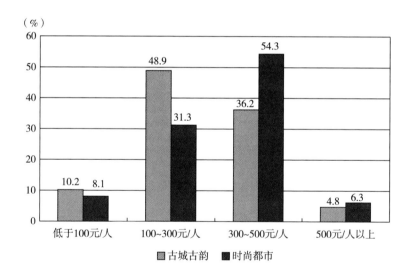

图3-6 夜游生活消费额度区间

关于夜游时间，55.1%的受访者认为2~3小时的夜游时长比较合适，超过了半数；21.5%的人接受1~2小时的夜游时间，超过选择3~5小时的16.5%；而只有6.9%的游客愿意花费5小时以上的时间。所以，在旅游产品设计上，要重视2~3小时停留时间的旅游产品供给，在短时间内抓住游客的心，提高夜游体验（见图3-7）。

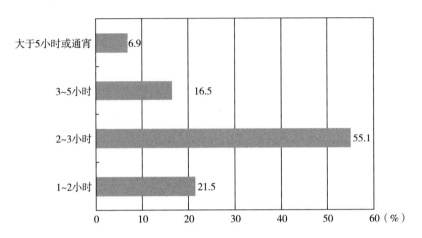

图3-7 夜间旅游时间花费区间

在进行夜游影响因素上，我们调查了影响夜游的相关因素。问题为："以下哪些因素会影响您开始一次时尚都市夜游？（多选题）"选项分别为：A. 场所的环境氛围；B. 个人心情；C. 交通与时间成本；D. 金钱成本；E. 有无亲友陪伴；F. 其他（见图3-8）。

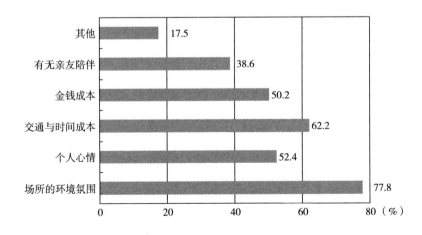

图3-8 时尚都市夜游影响因素

通过调查，77.8%的受访者认为场所的环境氛围最能影响自己的选择。选择"交通与时间成本"的受访者占62.2%，很多人表示"去"与"想去"之间是理想与现实的差距，交通和时间成为夜游的一个障碍。超过半数的受访者选择"个人心情"会影响自己的出游决定，也许受时间和交通限制一直心心念念的地方会因为突然间心情的转变而成就一次"说走就走的旅行"。同样超过半数的人选择了"金钱成本"，可见虽然人们认为时尚都市夜游的花费会普遍偏高，但消费者不会盲目消费，因此，在都市夜游中只有物有所值的产品才会具有生命力，华而不实的消费产品会让年轻人敬而远之。

另外，我们调查了游客理想中的夜游环境。图3-9是受访者对理想环境的描述，描述频率越高字体越大。可见大部分游客希望在一个热闹的环境下体验夜间文化旅游，但也有相当一部分游客希望体验到人少、安静的夜间文化旅游环境。环境优美、舒适、秩序井然、干净整洁等环境因素是游客的普遍诉求。因此，在环境打造上，既要满足游客对热闹、欢快的需求，又要满足游客对安静、浪漫的需求。

图3-9 夜游环境需求

综上分析，可以得到如下结论：人们更倾向于看电影、购物等休闲类活动和演唱会、音乐会等演艺类活动，这些是时尚都市生活的必需选择。另约1/3的受访者喜欢酒吧、迪厅等娱乐狂欢类，也是时尚都市生活必不可少的元素。无论哪种活动，都要注重环境的打造，优美、舒适、秩序井然、干净整洁等是游客们的普遍诉求。77.8%的受访者认为场所的环境氛围最能影响自己的选择。选择"交通与时间成本"的受访者占62.2%，很多人表示"去"与"想去"之间是理想与现实的差距，交通和时间成为夜游的一个障碍。超过半数的受访者选择"个人心情"会影响自己的出游决定，也许受时间和交通限制一直心心念念的地方会因为突然间心情的转变而成就一次"说走就走的旅行"。在环境上，既要满足游客对热闹、欢快的需求，又要满足游客对安静、浪漫的需求。在夜游花费上，约90%的人认为100元的购买能力有限，不足以支持一次夜游，且人们印象中时尚都市夜游的花费要高于古城古韵夜游。可见，时尚都市夜游应着重向更新鲜、更时尚方向打造。多数人认为2~3小时的夜游时间比较合适，在旅游产品设计上，要重视2~3小时停留时间的旅游产品供给，在短时间内抓住游客的心，提高夜游体验。

第三节　博物馆夜游需求调研

近年来，博物馆主题游逐渐成为消费热点，博物馆参观人数更是呈喷涌式增长。据文化和旅游部统计，2016~2018年，每年博物馆参观人次增量都在1亿左右。随着《国家宝藏》《我在故宫修文物》等节目的热播和博物馆文创的发展，以北京故宫博物院为代表的博物馆成为"新晋网红"。2019年春节期间故宫博物院推出"紫禁城里过大年"主题展览，长假期间更是一票难求。2018年博物馆参观人数超10亿，其中"90后"占比43.2%，"95后"占比24.9%，深谙流行文化、追求时尚好玩的"90后"们占据博物馆参观人数的68.1%。2019年第一批"00后"已进入大学，大学更自由的审美表达和更多元的文化利用方式，引导"00后"以更高的热情涌向博物馆。在游览方式上，也不再是传统的讲解与参观，而是注重历史、科技与时尚的结合，重视深层次体验和互动。年轻群体对博物馆的热衷推动了博物馆的创新与多元发展。因此，本次在北京夜间文化旅游的需求上，我们以北京目前少有的博物馆夜游为主题展开调研，力求调研清楚大众对博物馆夜游的产品需求，希望为今后北京博物馆夜游提供参考数据。

此次博物馆夜游需求调研的主要调研地点为北京自然博物馆、国家博物馆、首都博物馆、军事博物馆、西单等人口密集区，并通过网络收集了部分问卷。调研共收集有效问卷332份。调查内容为以下几个方面：调查群体对博物馆夜间旅游的了解程度；调查群体对博物馆夜间旅游的体验情况；调查群体了解博物馆夜游的途径；调查群体夜间游览博物馆的类型和时间意愿；限制调查群体博物馆夜间旅游的因素；等等。

在对博物馆夜游的了解上，72.3%（240人）的调查者表示不了解，27.7%（92人）的调查者表示了解（见图3-10）；在是否亲身参与过博物馆夜游问题上，79.2%（263人）的调查者表示"否"，20.8%的调查者表示"是"（见图3-11）。

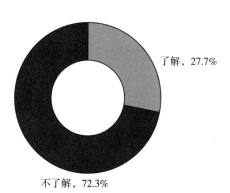

图3-10 博物馆夜游了解情况

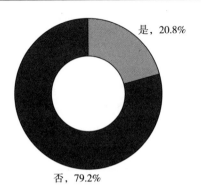

图 3-11　是否亲身体验博物馆夜游

参加过博物馆夜游的 20.8%（69 人）的受访者中，10.1% 的受访者参加过北京故宫灯光秀，21.7% 的受访者参加过上海市的博物馆夜游，30.4% 的受访者参加过其他国家的博物馆夜游，4.3% 的受访者参加过北京市内其他博物馆夜游，26.1% 的受访者选择其他（见图 3-12）。

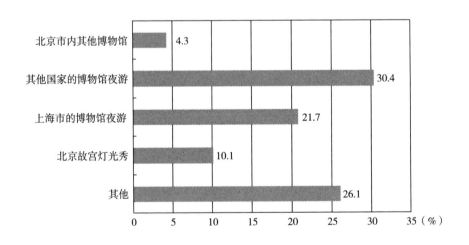

图 3-12　博物馆夜游经验地

综合以上数据，绝大多数夜间旅游群体对夜游博物馆并不了解，且较少具有夜游博物馆的体验，有博物馆夜游体验的调查者最多来自国外的博物馆夜游体验，可见在国外，博物馆夜游项目已经有了较好的发展。参加过北京市内博物馆夜游的受访者最少，可见北京市博物馆夜间文化旅游形式单一且处于待开发阶段。

　　了解博物馆夜游的 21.7%（72 人）的受访者中，在"您通过什么途径了解的博物馆夜游"的问题上（多选题），79.2%的受访者通过微信、微博等新媒体，68.1%的受访者通过抖音、快手等短视频媒体，31.9%的受访者通过电视、杂志等传统媒体，同样有 31.9%的受访者通过亲友推荐，29.2%的受访者通过公交、广播等移动媒体（见图 3-13）。可见，对年轻群体而言新兴媒体的信息传播效率更高，在博物馆夜游产品宣传上应更加重视对新媒体的利用。

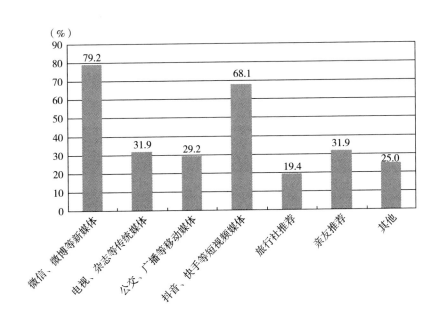

图 3-13　夜游博物馆讯息获取途径

　　在夜游博物馆时间选择上，60.0%的调查者选择在 18：00-20：00，22.6%的调查者选择在 20：00-21：00，15.1%的调查者选择在 21：00-00：00，2.4%

的调查者选择在00：00以后进入博物馆（见图3-14）。由此可以得出：在进入博物馆时间上，大多数游客偏向于18：00-20：00这个时间段。因此，在今后推广博物馆夜游项目上，应该将推广项目集中在此时间段，以适应多数人的游览习惯。

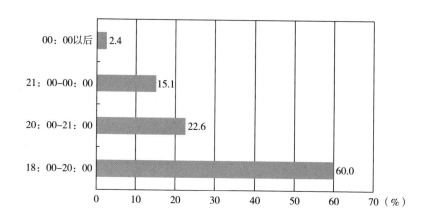

图3-14 夜游博物馆时间选择

　　在博物馆类别偏好上，我们设置了题目"您喜欢游览哪类博物馆"（多选题），69.9%的受访者选择文化艺术类，63.9%的受访者选择社会历史类，66.0%的受访者选择自然科学类，67.8%的受访者选择综合类，31.3%的受访者选择行业类（见图3-15）。除了行业类博物馆偏冷门以外，人们对文化艺术、自然科学、社会历史等博物馆的热情几乎平分秋色。可见，对于博物馆夜游，在人们日常选择的博物馆中，只要夜游项目具有吸引力，人们没有明显的取舍，对各类博物馆均有夜游倾向。行业类博物馆因为较为小众，可以暂不考虑开放夜游。

　　在博物馆夜游项目上，我们设置了题目"您愿意参加以下哪种博物馆夜游项目"（多选题），79.8%的受访者选择夜间特色体验活动，63.3%的受访者选择夜间特色科普活动，48.2%的受访者选择灯光秀，45.2%的受访者选择酒会、美食品鉴活动，29.5%的受访者选择夜宿，11.7%的调查者选择其他（见图3-16）。

由此可知，在博物馆夜游项目上，要重点推出特色体验类项目。

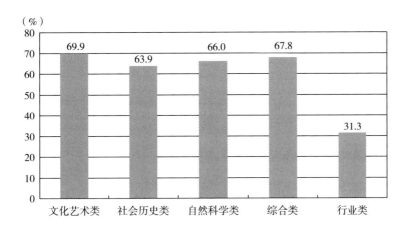

图 3-15 您喜欢游览哪类博物馆

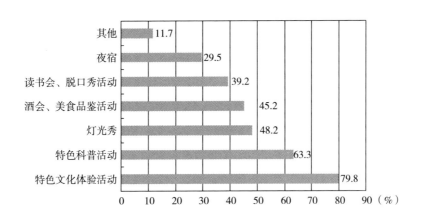

图 3-16 博物馆夜游产品偏好

由于目前北京夜游博物馆并不多见，我们对夜游博物馆可能存在的顾虑进行了调查（多选题），以便更好地解决游客顾虑。样本中 61.7% 的受访者选择住宿和餐饮因素，60.8% 的受访者选择安全问题因素，90.1% 的受访者考虑交通因素，53.0% 的受访者表示对项目体验效果存在顾虑，33.7% 的受访者考虑金钱成本（见图3-17）。由此，我们得出结论，在开展博物馆夜间文化旅游项目时，要首要解决游客顾虑的住宿餐饮、安全、交通等外在因素，这些是游客最关注的。同时应提高项目体验效果。而受访者对于价格并不是非常敏感，但如果有收费项目，价格不宜太高。游客愿意支付的具体价格区间，有待进一步调查。

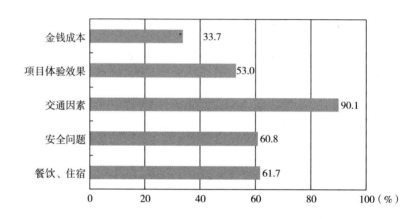

图3-17 博物馆夜游影响因素

在"您将来是否会参加夜游博物馆"问题上，100%的受访者表示会参加。因此，我们得出结论：人们对博物馆夜游存在兴趣，但没有博物馆夜间开放的现实限制了人们的需求，开展博物馆夜游具有良好的开发潜力。

综上分析，可以得出以下结论：国内多数人并不了解博物馆夜游，也没有参与过。少数有夜游体验的人，也是在国外体验居多，这是我国博物馆夜间基本不开放的现实状况决定的。对博物馆夜游，年轻群体有着浓厚的兴趣，因此博物馆夜游是一个具有开发潜力的项目。夜游产品设计应以体验为主，体现科学性、知识性、品味性和创新性。借鉴国外博物馆夜游推出的项目，如夜宿、读书会、脱口秀、美食与品酒等活动，调研显示接受程度不到一半，可见，博物馆夜游亟须向游客提供更为详细的项目介绍，让游客有所了解、有所认同。在开展博物馆夜游时，要解决住宿餐饮、安全、交通等外在因素，这需要从整个城市的大环境上加快对现有管理体系的梳理和调整，完善相应的公共服务体系。同时提高项目体验效果，如有收费项目，价格不宜过高。

开发博物馆夜游，既能满足人民群众对文化生活的需要，也迎合了国家刺激夜间消费的举措。但并不是所有的博物馆都有开发夜游的条件，缺乏特色的夜游只会带来资源的浪费。

第四节　夜间演出消费需求调研——以相声演出为例

2017 年，北京市服务消费额占到总消费额半数以上，在全国率先步入服务消费为主的时代，服务消费表现为多样化、高品质、新颖性、文化性的趋势。根据中国人民大学发布的"2019 中国文化产业系列指数"，居民消费支出最大的五个文化产品或服务依次是文化旅游、游戏、网络文化活动、电影、文艺演出，可见文艺演出在民众精神文化生活中的重要地位。大部分文艺演出，如话剧、歌剧、京剧、相声表演、演唱会、音乐剧等的表演时间为 19：00-23：00，是夜间文化消费里的重要组成部分。2019 年，北京市政府正式出台文件点亮夜间经济。随着政府的大力支持和人民群众对文化消费需求的日益增长，北京夜间文化消费的品质不断提升。相声表演作为一门传统的语言类艺术，从市井文化发展而来，在发展中不断汲取传统文化精华，成为人们喜闻乐见的娱乐方式之一。近几年，在年轻演员的带动下，相声在年轻群体中越来越受欢迎。本课题以相声演出为着眼点来研究北京夜间文化消费，希望有助于提升夜间文化消费品质，促进北京文化中心建设。

一、演艺市场总体情况

北京文艺演出资源丰富、人才荟萃，演艺企业数量、演出剧目、演艺收入均居全国前列，是北京文化产业中最有特色的产业之一。北京文艺演出市场正处于成长期，演出团体规模不断增长，演出场次、观众人数呈递增之势（见表3-2）。文艺演出作为精神文化消费的主要内容之一，是价值观传递和文化形象展示的重要渠道，做好文艺演出市场的建设和提升是北京文化中心建设的重要内容。2020年4月，北京市公布的《推进全国文化中心建设中长期规划（2019-2035年）》中提到北京演艺之都建设的详细内容。北京将不断促进演艺全产业链升级，建设名副其实的演艺之都。

表3-2 2013~2019年北京文艺演出消费数据

年份	演出场次	观众（万人次）	收入（亿元）
2013	23155	1014.0	14.42
2014	24595	1012.0	14.95
2015	24238	1035.2	15.48
2016	24440	1071.4	17.13
2017	24557	1075.8	17.17
2018	24684	1120.2	17.76
2019	22823	1040.4	17.44

资料来源：北京演出行业协会。

随着3D、VR等技术的发展，文艺演出在剧目创作上逐渐突破边界，开创艺术体验新模式。2019年中央音乐学院3D音乐会《中国十二生肖》试演，音乐会使用人工智能伴奏、虚拟主持人主持、5G+VR/AR共享平台、大型现代多媒体，初步代表了未来音乐的发展趋势[1]。2020年，新冠肺炎疫情迫使北京所有演艺场所全部关闭。在此形势之下，演出形式和市场运作快速向云端渗透，"云相声""云演唱会""云音乐会"纷纷上线。线下，2020年2月，北京市发布了《关于应对新冠肺炎疫情影响促进文化企业健康发展的若干措施》，针对演艺行业的发展规律和特点，给予演出市场全链条的政策帮扶。

二、相声演出情况

北京知名的相声演出团体有德云社、嘻哈包袱铺、星夜相声会馆、太逗相声、北京周末相声俱乐部等。演出剧场主要有：天桥德云社、三里屯德云社、新街口德云社、广德楼戏园剧场、湖广会馆、三庆园剧场、五棵松华熙 Live 剧场、交道口剧场、安贞剧场、西直门剧场、风尚剧场、老舍茶馆、广茗阁、新大都首创国际会议中心等。德云社为"场团合一"形式，有效提高了品牌认知度。北京主要相声剧场的演出时间、票价、规模等情况如表3-3所示。

表3-3　北京主要相声剧场演出情况

剧场/团体名称	地理位置	表演时间	演出价格（元）	规模
风尚剧场（北京周末相声俱乐部）	交道口东大街	每周六19：30	30	建筑面积630平方米，可容392人
老舍茶馆	前门西大街正阳市场	周五至周日15：00-17：00	280/180/120/80	营业面积1500平方米，可容250人
天桥德云社	北纬路东口，天桥剧场斜对面	晚场：周二至周日19：15-22：00 下午场：周六、周日14：00-17：00	1F 散座：280/200/180/160/120/80/60/30； 1F 套票：800/1200/1600； 2F 套票：600/1000/1200/1600/3800	散座200多个，包间10个
五棵松剧场（嘻哈包袱铺）	五棵松华熙Live Hi-up	每日19：30-21：30； 周三至周日加场16：30-18：30； 周六、周日加场13：30-15：30	100/150/200/280	面积约900平方米，可容纳200人
新大都剧场（星夜相声会馆）	车公庄大街	每周六19：30	40/60/80/100	厅内上下两层，可容纳300余人
广茗阁（红壶相声社、太逗相声）	鼓楼西大街	周三、周五19：30-21：30	50/80/100/120	茶座180余张，可容纳280人

2005 年德云社大火之后，相声界从此有了主流和非主流之说。普遍认为主流相声是以中国曲艺家协会为代表的体制内的相声演员及群体，非主流相声则是以德云社为代表的民间艺人团体。北京周末相声俱乐部是政府牵头成立的相声团体，以"给老百姓演出、为老百姓创作、让老百姓满意"为准则，票价低，属惠民性演出。德云社、嘻哈包袱铺等是民间艺人团体，为营业性演出，票价较高，其中德云社票价最高。

三、夜间经济下的北京相声消费调查

研究团队于 2019 年 11～12 月从消费者角度对相声文化认知、消费频率、夜间消费影响因素等展开调研。调研主要通过网上发放问卷的形式进行，对象为北京居民，共收回问卷 176 份，其中对相声艺术从不关注的有 48 份。因"从不关注"人群不能反映对相声文化的认知，也缺乏消费特征，所以问卷剔除了"从不关注"人群样本，得到有效问卷 128 份。从无效样本来看，从不关注相声艺术的占 27.3%，可见相声艺术虽雅俗共赏、娱乐性强，但民众关注度不算高。

四、相声文化认知

如表 3-4 所示，近年来相声艺术受众越来越广，75.0% 的受访者认为它是一种流行艺术，63.3% 的受访者认为相声能够引导年轻人了解、热爱传统文化。虽然相声被认为是一种流行艺术，且对年轻人有正面影响，但从调研结果来看，消费者认为相声演出仍存在不少问题。在作品文化内涵、演艺人员状态、演出内容把控、粉丝影响方面，选择负向倾向者均多于正向者。

在兴趣养成上，67.2% 的受访者选择了从综艺节目开始喜欢相声。《欢乐喜剧人》《相声有新人》《笑傲江湖》等综艺节目的热播带动了相声艺术的传播，积累了观众基础。32.0% 的受访者选择了从剧场演出喜欢上相声。值得强调的是，在 128 份样本中，仅有 45.3% 的人看过剧场演出，可见虽然"到场率"不

高，但剧场有更高的"转化率"，更容易让观众爱上相声。

表3-4　民众相声文化认知

您认为现在相声算流行吗？（单选）	比率（%）	您认为现代相声的特点有哪些（冲突性问题单选，可弃选）	比率（%）	您通过哪种途径喜欢上相声的（可多选）	比率（%）
不算，没多少人听	3.1	包袱丰富/不丰富	33.6/22.7	剧场演出	32.0
不算，小众文化	10.9	文化内涵丰富/不够	28.1/41.4	广播节目	10.9
不算，只流行于京津地区	10.9	饭圈文化影响积极/过多	14.8/39.8	联欢晚会	14.8
算，我身边的人都很喜欢	14.1	新作品多/少	33.6/51.6	综艺节目	67.2
算，相声综艺节目受欢迎	27.3	演艺人员素质高/浮躁	39.1/52.3	艺术教育	7.0
算，年轻知名相声演员越来越多，带动流行	33.6	内容严谨/不够严谨	29.7/45.3	亲朋好友影响	21.9
		引导年轻人了解、热爱传统文化	63.3	其他	1.6

五、相声消费特点

128份样本中有54.7%的人没有看过剧场表演，但93.0%的受访者表示希望去剧场看相声。由于受时间、距离、金钱等方面的限制，人们转而通过网络等途径观看。除了以上限制因素，多数受访者没有去过剧场，还受心理认知的影响，认为听相声如吃家常饭，就图一乐呵，要的是快捷方便。剧场演出，则上升到更高级的层次，关乎热情与追求，关乎文化，关乎礼仪。

在剧场消费支出上（单选），62.5%的人选择200元以下，27.3%的人选择200~300元，300元以下的占89.8%，可见绝大多人并不能接受超过300元的票价。

在消费环境上（可多选），40.6%的人希望完善公共Wi-Fi等网络设施建设；60.2%的人希望延长公交运营时间；73.4%的人希望加强夜间安全巡逻；58.6%的人希望加大网约车安全管理；48.4%的人希望加强夜间消费维权治理。可见大家更关注夜间交通和公共安全。

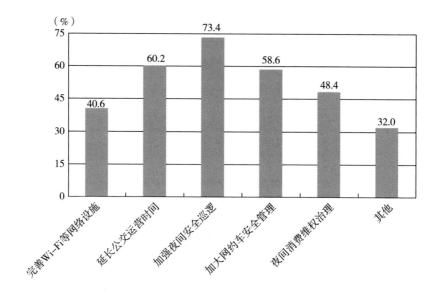

图 3-18 夜间消费环境关注度

第四章　北京夜间文化旅游存在的问题分析

第一节　古城古韵夜游存在的问题

一、老城风貌夜间展示系统不完善

虽然提起古城古韵夜间旅游体验，大部分人会以游览古城夜景作为自己的必选项目，但是在前期城市发展进程中，大规模的建筑拆除与道路改建，割裂了原本整齐细密的城市肌理，北京老城风貌掺杂了诸多高楼建筑。老城风貌在夜景展示上，有待进一步系统规划和完善，以提升老城夜景品质，突出古城文化内涵。

二、夜游产品品牌体系尚未形成

古城古韵类夜游产品规模总体偏小，尚未形成品牌体系。目前只有前门步行街、南锣鼓巷、烟袋斜街等特色街区知名度较高，其他夜间旅游产品，如文化体验类活动、古城游览还尚未形成品牌体系。在《北京市关于进一步繁荣夜间经济促进消费增长的措施》引导下，夜间消费逐步升温，但目前北京古城夜游产品同质化严重，旅游产品跟北京当地文化的融入程度也不够，无法体现北京古城的文化魅力，因此难以形成北京古城夜间文化旅游品牌。夜间文化旅游产品体系的形成需要强大的文化 IP 和长时间的培育，因此今后要充分挖掘老城文化 IP，不断强化文化符号，丰富旅游产品体系。

三、夜间文化旅游宣传力度不够

目前，北京古城文化游在夜间旅游方面的宣传力度严重不足，很多夜间旅游的景点还处于无人问津的状态，这也是北京古城文化夜间旅游发展的最大阻力之一。另外，城市夜间旅游在网络推广方面还有较大欠缺。北京夜游更多人知道的是三里屯、五道口、蓝色港湾等时尚地标，而非古城夜游。因此，古城夜游在宣传上应进一步提炼宣传口号，加强宣传力度，如"古北水镇——长城脚下的星空小镇"，一语中的地突出了古北水镇的特色。

第二节　时尚都市夜游存在的问题

一、缺乏文化内涵，精品项目少

当前北京时尚商圈等地发展夜间经济局限于夜景灯光打造，忽视了文化这一重要内核，也忽视了夜景营造对相关产业的拉动作用以及对地方优势资源的整合作用。夜间经济一味地追求科技时尚，反而把最重要的文化丢弃了。精品项目是决定一个城市夜间旅游高度的重要因素，同时也是构建城市夜间旅游品牌，吸引游客注意力的关键所在。但就北京时尚商圈夜间旅游现状来看，大部分都是休闲娱乐购物放松的夜间旅游项目，精品项目少，没有形成较大规模。所以，北京在现代都市夜间旅游方面精品项目的道路上还要走很远。

二、产品供给单一，营销手段不新颖

三里屯、工体、五道口等现代都市化夜间经济产品大部分局限于餐饮、购物、灯光秀，而文化、体育、竞技、表演、康养之类的产品匮乏，业态单一。我们认为需要营销创新，开发演艺夜游、水秀、特种夜游、运动夜游、天文夜游、特种摄影等游客参与性高，体验性与学习性强的新型夜间经济业态。

第三节　博物馆夜游存在的问题

一、夜间开放成本问题

夜间旅游的运营，离不开交通、安全、信息、咨询等城市公共服务体系的支撑，也离不开政府部门的有效管理。世界上夜间经济发达的城市，管理部门都必须投入更多的资源，提供安全、交通、咨询等基本服务保障。由于夜间经济管理涉及众多部门，世界各地都在摸索更好的管理模式。

二、夜游主题产品匮乏

由于博物馆夜游在国内发展并不多，北京自然博物馆在 2019 年 8 月 11～15 日推出了"博物馆之夜——绿地球之夜"系列活动，包括节目展演、文创展示、科普剧、科学讲座、互动实践课、展厅答题、互动讲解等，持续时间较短。2019 年国家博物馆在暑期试水延长开放至 21：00，但没有区别于白天的主题产品设计，没有强调夜游产品的夜晚属性。

第四节 相声演出存在的问题

一、演出行业问题

（一）饭圈文化影响

随着相声演员媒体出镜率的提高，相声圈也被饭圈文化渗透过多。一方面，饭圈成为经纪公司谋取利益的提款机；另一方面，饭圈不再是明星事件的被动接受者，反而成为主动参与者或推动者。由饭圈衍生而来的代拍、控评、绑架舆论等带来的负面社会影响已经不容忽视。

（二）人才流失

随着时代发展，各类明星层出不穷，综艺、直播、影视等收入远高于相声表演。由于收入问题，大部分相声表演人才无法专注于相声表演和创作。没有名气的相声演员在挣扎，有名气的则纷纷转战其他演艺市场，导致人才流失，优秀作品少。在繁荣的文化市场中，如果盲目崇拜知名度和曝光度、追求商演成绩，相声也终将成为舞台的附庸。

（三）内容监管不力

2019 年 5~11 月，某相声演员因表演内容不当引发热议，甚至被《人民日报》点名批评。也有因节目出现低俗内容被紧急叫停更换演员与节目事件发生。以上事件，暴露出相声演出在内容监管上的不力。相声缘起于市井，最初的表演中有很多粗俗的笑料，随着社会文明进步与信息的快速传播，内容监管不力问题日益凸显。

二、消费市场环境问题

在消费环境上，首先文化设施仍需提升。北京城内相声演出剧场内部设施差异巨大，大多数剧场还承接话剧、舞台剧等演出，设施亦是配合其他剧种的需要。而相声演出时可利用的仅仅是灯光、音响与座椅，没有其他氛围营造设施。德云社是"场团合一"剧场，按照传统相声演出的环境，布置了传统木质桌椅，四六人围坐，而这又不免影响后排观众视线。今后随着5G、VR等技术的发展，相声演出亦会借助新科技尝试更多的形式。

　　其次城市夜间服务的范围和广度需要提升。发展夜间经济需要整个城市服务水平的提高。城市运行如一个生态系统，发展夜间经济不是开通夜间地铁、延长营业时间那么简单的事，而是城市管理水平和精细化程度的直观反映。北京发展夜间文化消费，在夜间服务的范围和广度上都需要全面提升。

第五章 北京夜间文化旅游提升路径

第一节 古城古韵夜间文化旅游提升路径

一、美化老城夜景

2020年4月公布的《北京市推进全国文化中心建设中长期规划（2019年-2035年）》中提到将集中打造老城区内的什刹海—南锣鼓巷、雍和宫—国子监、皇城等13片文化精华区，按照"一街一策"的要求精心打磨老城文化。随着夜间经济的发展，城市照明逐渐成为展示城市软实力、塑造旅游品牌、实现综合收益的卓越平台。2019年《北京市关于进一步繁荣夜间经济促进消费增长的措施》中也提到点亮夜间消费场景，支持夜景亮化、美化改造，提升夜间消费场所辨识度和吸引力。夜景改造提升应结合区内皇家建筑、古典园林、名人故居、市井胡同、牌坊门楼等不同风格的建筑特征，提炼文化符号，结合传统风俗讲好北京故事。通过系列化、层次化、差异化的夜景提升，形成老城夜游观光品牌。相较于白天景致的直白，夜景更能诉说故事，传递情感，营造氛围，老城夜景应成为老城风貌的核心话语。

二、培育夜游品牌

通过调研可知，多数人对北京老城的印象停留在旅游购物，而观影、品茶、读书等文化消费则不会首选老城，除距离限制外，老城夜游产品的匮乏也是原因之一。2019 年"紫禁城上元之夜"和"国家博物馆奇妙夜"为老城夜间文化消费拓展了新领域，其受追捧程度也体现了民众对夜间文化生活的渴望。虽然老城文化旅游资源丰富，但并没有形成夜游品牌，而品牌塑造恰恰是区域文化旅游竞争力的核心因素。"紫禁城上元之夜"从传播度而言是一个成功的夜游产品，老城区急需类似的夜游产品来塑造夜游 IP，构建品牌。今后，老城应统筹夜游品牌构建，强化夜游项目创新、丰富夜游产品体系、提升夜间消费服务，打造属于北京老城独一无二的夜游品牌。

三、创新美食体验

随着民众文化消费需求的增长和以瘦为美的社会审美的形成，饮食从果腹之需走向社交需求和文化体验。老城以簋街、王府井、鲜鱼口为代表的饮食街，菜品价格不菲，就餐环境欠佳，已渐渐失去往日风采。因此，应在传承传统的基础上，结合现代时尚元素，创新餐饮形式，提升就餐体验。从主打"真正的北京老味道"而火爆的"局气"餐厅可以看出文化的传承和创新在现代餐饮中的重要性。"局气"从装修造景、菜品造景、上菜造景、人物 IP 造景等方面满足了现代消费者迭代式消费和圈层化社交的需求。传统与创新从来都不是相悖的，而是相辅相成的。北京传统美食和传统美食街区都应该深入饮食消费的文化圈层，提高品质。

四、扩展宣传途径

2020 年新冠肺炎肆虐全球，文旅、餐饮、娱乐等众多行业被迫停摆。新的经济危机之下，直播成为最流行的营销方式，各类企业以直播为突破口带货，观看直播也成为隔离期间人们的消遣方式。2020年4月5~6日600岁故宫首次直播，以"安静的故宫，春日的美好"为主题，带领观众领略故宫美景。这是一次值得推广的尝试。发展老城夜经济，应成立专门的夜间经济工作委员会，负责夜间经济的统筹与宣传，以各类新媒体为窗口，展示北京老城夜间文化生活方式，利用好新媒体语言，与年轻人"打成一片"，从而更有效地引导公众需求。

五、科技助力文化传承

重视现代科技与文化创意相结合，促进传统文化的创新性表达。2019年"紫禁城上元之夜"将高新科技与文物保护相融合，不仅展示了紫禁城夜景的恢宏瑰丽，灯光版《清明上河图》《千里江山图卷》也向世人展示了文物保护的新成果。夜间消费的新奇化、多样化特征需要借助现代科技提高文化生产力水平，丰富文化产品供给。5G技术的发展将促进裸眼3D、虚拟现实、视频彩铃等的普及化。北京作为科技创新中心，应率先落地科技成果在城市管理和发展中的应用。

素有全球视听科技领创者之称的利亚德光电集团，坚持"以科技赋能夜间经济，以文化凝练城市灵魂"的目标，在全国多个省市打造了"夜间经济"的标杆项目，如西安大唐不夜城、南京夫子庙、北京三里屯等。用实时交互、AR/VR、全息投影、5G、转直播平台等前沿科技为依托，打造了"城市智慧夜游"创新数字流媒体平台，助力城市夜间经济的优化升级。

需要注意的是，科技的运用虽能为众多夜间经济场景带来新活力与新动能，但文化的提炼与凝结才是夜间经济的灵魂。城市有关部门应当统筹规划，树立系统思维，让夜间经济不仅是日间消费的延续，还是积极构建城市文化内涵的新形态，让文化经济迈向高品质发展。

第二节　现代都市夜间文化旅游提升路径

一、开发文化创意夜游

时尚都市夜游要注意旅游产品文化内涵，开发具有独特 IP 价值的文化创意的夜游项目。

二、丰富夜游产品

在休闲娱乐活动中注重抓文化内核，用科技与文化满足游客对娱乐、休闲、健康的需求，塑造文化意境。这也是提高生命力的必然要求。

第三节　博物馆夜间文化旅游提升路径

调查中 100% 的受访者表示希望参加博物馆夜游。随着夜间经济的持续增温，夜间消费场景不断具体和细化，文化消费体现的不仅是消费升级，还有人民群众对美好生活的向往，博物馆夜游应该成为城市文化消费的地标。自 1977 年德国柏林"博物馆之夜"的举办，至今欧洲已经有 30 多个国家、2000 多座博物馆提供类似"博物馆之夜"的活动，既发挥博物馆的功能职责，同时也带动相关区域夜间经济的发展。针对博物馆夜游，本书从博物馆和政府两个层面提出以下对策建议，希望为发展博物馆夜游提供智力支持。

一、博物馆层面

（一）创新夜游主题

2019 年北京、上海、广州等城市部分博物馆试点延长开放时间，但博物馆夜游不仅要延长开放时间，更重要的是创新夜游主题，打造不同于白天的全新体验。夜游主题设计应以体验为主，体现科学性、知识性、品味性和创新性。2019年"紫禁城上元之夜"持续霸占热搜，将高新科技与文物保护相融合，不仅展示了紫禁城夜景的恢宏瑰丽，灯光版《清明上河图》《千里江山图卷》也向世人展示了文物保护的新成果。虽然灯光秀的快节奏让不少人吐槽，但所有人记住了"紫禁城上元之夜"，为故宫夜游展开了时代新篇。时任故宫博物院院长的单霁翔表示："这是故宫第一次举办类似的活动，经验不足，以后会结合网友的建议逐渐改善……今后争取结合二十四节气中重要的节气，推出新的活动。"随着大众审美水平的提高，夜游产品既能考验博物馆的专业水平，也能见证博物馆的审美眼光和艺术能力。夜游主题的打造对博物馆而言是创意、审美、技术、管理等多方面的考验，博物馆要结合自身特色打造属于自己的独特品牌。

（二）打造互动体验项目

目前，国外反响较好的博物馆夜游项目大都以新奇有趣的互动沉浸体验作为支撑：在美国圣地亚哥海事博物馆，孩子们可以化身水手登上全世界最古老的帆船"印度之星"，在上面学习扬帆、装货、航行，还可以住在帆船上，感受晚间的海风和初升的朝阳；华盛顿国际间谍博物馆，为小朋友们开设了间谍课堂，孩子们可以学习如何搜集情报、保守机密、破译密码、伪装身份。在互动体验项目中充分利用现代科技打造沉浸式体验也是现代年轻人的心头好。2019 年 6 月 22日，"心灵的畅想——梵高艺术沉浸式体验"在中国国家博物馆开幕，现代科技为展览提供了另一种可能。各类体验活动还可以利用 AR、VR 等技术，给游客提供专属道具和服装等，以增强体验真实感。

（三）利用新媒体引导公众需求

调查中显示社交媒体和视频媒体已经成为年轻人获取信息的主要途径。博物馆在新媒体营销中应"去严肃化"，主动适应年轻人的语言风格和亚文化喜好。如利用"萌文化""丧文化""宅文化"等青年亚文化营造轻松诙谐的气氛。制造互动性话题，满足大众参与感，互动中充分利用表情包、图片、微视频等形象语言，做到幽默不失优雅，活泼不失稳重，犀利不失温暖。博物馆要成为公众文化生活的中心，真正成为文化的中枢，不仅要了解公众的需求，而且要引导公众的需求。利用好新媒体，与年轻人"打成一片"才能更有效地引导公众需求。

（四）保障馆内工作人员利益

博物馆夜游在运营上，从服务角度而言亦是一个巨大挑战。2019 年 7 月 28 日，国家博物馆首次延长开放至 21：00。夜场中有 700 余名工作人员同时在岗，涵盖观众服务、设备保障、安全保卫、餐饮服务、文创销售等岗位，很多人当日工作达到 12 小时。2019 年北京自然博物馆持续 5 天的"博物馆之夜"，馆内几乎全员参与，70%以上的工作人员都在加班。就当前而言，博物馆夜间开放常态化仍需时日，即使常态开放，亦以每周择日开放为主，不可能每日开放。所以，博物馆不会因为每年几日或每周一两日的开放而招聘大量人员，馆内工作人员的协调与调度仍是不小的考验，在做好博物馆夜游的同时，要充分考虑博物馆工作人员的权利和利益。

二、政府层面

（一）针对博物馆捐赠扩大免税额度

2019 年 7 月，《北京市文物局关于倡导博物馆夜间开放、助力繁荣夜间经济的通知》中提到，延时或夜场开放需增加的软硬件设施等保障性需求，各馆列入年度预算予以解决。虽然设施上有政府补贴，但是夜游支出涉及人员调度、项目策划等方面，博物馆夜游常态化运营经费仍是一大约束。博物馆运营需要更多元的外方援助。根据 2018 年改革的税法，企业公益性捐赠支出，在年度利润总额 12% 以内的部分，准予在计算应纳税所得额时扣除；超过年度利润总额 12% 的部分，准予结转以后 3 年内在计算应纳税所得额时扣除。为了激励捐赠，建议政府针对不同规模和类型的企业实行差异化的税前扣除比例，适当提高中小型企业慈善捐赠税前扣除比例或考虑全额扣除。习近平总书记在党的十九大报告中指出："推动文化事业和文化产业发展……完善文化经济政策。"政府如在税收上进一步提高企业向博物馆捐赠税前扣除比例，甚至全额扣除，势必为博物馆吸引到更多社会资金。

（二）加强城市夜游服务体系建设

如果将一个城市比作一个生态系统，博物馆夜游则是生态系统中的一个食物链。这个食物链的良好发展需要生态系统中每个物种的贡献。博物馆夜游离不开整个城市公共服务体系的支撑。夜间经济繁荣程度也是城市管理水平和精细化程度的直观反映。2019 年 7 月北京推出"夜经济 13 条"，从交通、安全、餐饮、资金等方面指导夜经济发展。虽然有了指导性文件，但是在精细化上仍然不足，北京仍需密集推出发展夜间经济的各类标准和政策。如截至 2020 年 2 月北京还没有对夜间经济运营提出标准，建议拟定《夜间经济服务标准》，明确夜间经济的服务规范和管理标准，提升夜间经济整体品质。

（三）成立夜间经济工作委员会

国际上，夜间经济发展较好的伦敦、东京、阿姆斯特丹等地都有专门负责夜间经济的行政职位或机构。伦敦有由各行业专家和行业领袖组成的"夜间经济工作委员会"，东京有"夜间经济议员联盟"，阿姆斯特丹有专门负责夜间经济的"夜间市长"，北京应根据我国特色成立专门的夜间经济管理和执行机构。建议成立北京市夜间经济工作委员会，由政府牵头，集合各行业专家，为夜间经济发展拟定目标、制定总体规划、完善政策、平衡各方利益，保障夜间经济的高效发展。

第四节　相声演出提升建议

一、结合时代文化，提高艺术创新能力

相声艺术在传承传统表演形式和内容的基础上，需要融合时代流行元素，创作新的节目样式和内容，以适应当今瞬息万变的传播速度和更加年轻的受众群体。如相声演员孟鹤堂、周九良在《相声有新人》中表演的《文玩》，灵感源于文玩者盘玩各种各样的收藏品，一经演出就获得了大量热度，并带火了一句极具魔性的话——"盘它"。相声亦可以吸收一些当下的新鲜元素，如流行音乐、网络流行语与段子，甚至可以将街舞、B-BOX 等元素添加进表演中以增加活力。此外，相声除了单口、对口、群口等形式，还有化装相声和相声剧等，突破固有的表演形式，可以让观众耳目一新。

二、加强行业监管，推动相关条例制定

（一）演出内容管理

2016 年我国修订了《营业性演出管理条例》，在管理内容和细节上均有细化。但是每种演出都有自己的特征，相声演出仍然需要专门的演出管理条例，进一步细化管理内容，尤其是对演出语言应进行规范。

（二）饭圈文化整顿

2020 年"两会"期间，有代表提出严厉整顿饭圈文化，此议一出，便登上热搜，网友拍手叫好。可见饭圈文化带来的社会乱象已经不能容忍。无论从粉丝个人角度还是从明星角度抑或从社会公共秩序角度而言，过度疯狂的饭圈文化带来的只有伤害。

（三）政府加强投入，增加惠民演出

相声是一种雅俗共赏的艺术，在民众心里它不如演唱会、音乐会隆重，而匹敌音乐会的票价让许多相声爱好者望而却步。政府应加强惠民性演出，促进相声艺术传播。北京周末相声俱乐部以高品质的演出和优惠的价格深受好评，但是毕竟场次有限。北京目前只有东城区推出这种固定性惠民演出，其他几区罕有。真正的演艺之都应该让所有百姓都能走进剧场，而不是被票价阻于门外。

（四）创新人才培养模式

相声发展开拓创新的首要任务就是人才培养模式的转变。相声艺术人才培养需要更多社会资源投入，有学者提出在高校中建设相声专业，不仅有利于扩充演艺人才，而且有利于提高演员的基本文化素养。相声演员以把逗乐观众作为己任，但用什么逗乐，逗乐之后回味什么，就要探索到精神层面。相声是一门语言艺术，演员台上的言行状态是台下德行的反射，艺术价值观的培养同样十分重要。

三、多元融合发展，培育新型业态

2019 年北京旅游演出共 8391 场，占总演出场次的 36.8%；吸引观众 304.7 万人次，票房收入 2.26 亿元，① 可见旅游演出是演艺消费的重要市场。今后需进一步提高相声与旅游业的融合，毕竟除了京津地区，其他城市的相声演出团体少，来京旅游时听一段京味相声，可为旅游增添文化亮点。另外，如今创意产业兴盛，文创产品受宠，相声演出场所可以根据演员特点、演出内容开发文创产品，丰富消费形式，增强文化体验。

虽然旅游演艺市场可观，但 2020 年新冠肺炎疫情使旅游业跌至冰点，旅游演艺市场冻结。此时，我们更需要探索相声演出的多种可能，如依靠科技手段，

① 中国经济网.观众上千万，北京 2019 年演出市场票房超 17 亿［EB/OL］. http：//www.ce.cn/culture/gd/202001/17/t20200117_34144317.shtml.

实现 3D 相声、VR 相声、相声直播等。直播中演出节奏与粉丝互动的冲突，也需要平台、演员、观众遵守共同的约定，不能因为答谢礼物而打乱表演节奏。

四、改进剧场设施，提高消费体验

夜间经济的绝大部分受众是年轻人，他们大多接受过高等教育，思想新潮，创意不断，是文化潮流的塑造者，并能反向带动年龄更大的人接受潮流。剧场这种特定的文化消费场所，需要注入更多的文化元素、科技元素与时代潮流，提高环境品质。例如：增加互动体验设备让观众在观演前后了解艺术作品；增加特色书店、咖啡厅等文化休闲场所。

五、完善夜间服务，提高消费频率

保障夜间经济运营，政府首先要投入各种资源，细化管理制度，积极营造使居民放心消费环境。在政府管理上，应成立专门的政府管理机构，在安全管理、业态范围、公共服务、夜间从业人员保障等方面制定完善的管理制度与运营规范。城市服务上，延长夜间公交交通、便利店等服务时间。在环境治理上，控制夜间噪声、光污染等对居民正常休息的影响。在公共安全上，加强夜间巡逻、网约车管理，保障夜间出行安全。在消费保障上，完善消费维权机制，设置 24 小时投诉电话，保障消费者的合法权益。

第六章　夜间经济发展的思考

　　夜游参与度高、消费旺盛，正处于快速发展阶段。拓展多元化的夜游项目，丰富游客夜游体验，促进夜间消费，成为亟待解决的关键课题。放眼世界，如哥本哈根、伦敦、首尔等世界旅游城市，成功的夜间休闲和夜游项目往往以文化艺术和城市空间为依托，融以光影秀、灯光雕塑、灯光交互装置，加入沉浸式表演和休闲娱乐的互动，吸引市民和游客的广泛参与。夜游项目应以市场需求为导向，以"打造核心吸引力"为目的，综合多种旅游产品形式，形成多元化的夜游消费体系。在夜游网红项目层出不穷、潮流瞬息万变的当下，故步自封只会快速"过气"。只有准确调查分析现有市场需求，深挖消费者的需求，通过创新才能获得持续的竞争优势，创造出引领市场潮流的夜游产品，使健康发展的夜间经济成为中国经济高质量发展和文旅融合的强力支撑。

　　党中央已提出"加快形成国内大循环为主体，国内国际双循环相互促进的新发展格局"。夜间经济是促进国内大循环的重要消费领域之一，是加快城市经济发展的重要增长点。中央高度重视夜间经济的发展，国务院办公厅相继出台了《关于加快发展流通促进商业消费的意见》《关于进一步激发文化和旅游消费潜力的意见》，提出活跃夜间商业和市场，要求大力发展夜间文旅经济；文化和旅游部起草《关于进一步激发文化和旅游消费潜力的意见》时，专门提出了发展夜间文旅经济，丰富夜间文化演出市场，优化文化和旅游场所的夜间餐饮、购物、演艺等服务，我们要因势而动，积极推动夜间文旅经济大发展、大繁荣。

一是大力培育夜间经济发展的份额。各地城市把夜间经济作为提振城市经济、发展城市旅游的一大法宝，相继出台支持性政策和消费引导措施。如北京市出台了《关于进一步繁荣夜间经济促进消费增长的措施》，制定了 13 条措施。上海市出台了《关于上海推动夜间经济发展的指导意见》，设立夜间巡展。天津、重庆、青岛、杭州、石家庄、南京、西安、成都、无锡等城市都相继出台了政策和措施。我们要进一步鼓励各地发展夜间文旅经济，推动破解夜间经济发展的难题，凝聚发展夜间经济的共识，引导各地出台刺激夜间文旅消费的政策和措施，把方兴未艾的夜间经济推向全面协调可持续发展。

二是打造文旅夜间消费集聚区。夜间经济是人口集聚的结果，也是产品业态集聚的导向，需要消费场所的相对集中，需要推动夜游、夜宿、夜食、夜娱、夜购、夜展、夜宴等尽量集聚在一定空间，不断丰富文化旅游、体育竞技、表演演艺、康养休闲产品，形成夜间消费的集聚区或集聚带。国务院办公厅发布的《关于进一步激发文化和旅游消费潜力的意见》要求，到 2022 年要建成 200 个以上的国家级夜间文旅消费集聚区，文化和旅游部正在研究申报工作的一些措施和方案，尽快启动第一批国家级夜间文旅集聚区的评定工作，推出一批文旅业态集聚、夜间文旅产品丰富、服务和治理水平较高、夜间消费市场活跃的国家级集聚区。

三是推动夜间经济融合发展。夜间经济是复合型经济，体现了一个城市的发展水平，凸显了一个城市的软实力，发展夜间经济要彰显文化特色，使夜间经济与城市的地域文化、人文艺术、历史、民俗风情、文化创意相结合，举办富有地方夜间文化传统特色的主题节庆活动，塑造城市独特的夜间经济品牌形象；发展夜间经济要推动科技的广泛应用，塑造沉浸式体验空间和产品化的环境，使声光电和城市夜景相结合，使智慧城市与夜间经济的管理相结合，创造更多让消费者流连忘返的夜间体验场景，提升夜间经济活动的科技含量；发展夜间经济要凸显旅游的功能，打造一批夜间旅游景区、旅游演艺，根据季节特点开放游客参与性、体验性、学习性强的多元化城市夜游项目，推出夜间旅游项目的精品线路。

四是加强城市现代化综合治理。夜间经济是可感触的体验型经济，不仅可以彰显城市魅力，对城市治理水平也提出了更高的要求，要提升城市公共设施、完善城市服务功能、改善城市夜间照明、延长城市夜间交通，让人民群众在夜间消费中获得便捷、舒适的服务保障，要完善城市夜间经济的消防、安全、食品安全、治安、环保等配套管理，营造安全、有序、放心的夜间消费环境，要加强城市夜间消费的疫情常态化防控，做好城市精细化管理，创建包容、多元、和谐的夜间经济，使夜间经济既充满活力又规范有序，既有消费热度又有服务温度。

第七章　不足与展望

　　本课题主要研究了北京年轻群体对夜间文化旅游的需求，通过数据分析得出客观的研究结论，希望能助推北京夜间文化旅游品质提升。不足的是本课题没有对旅游人群密集区的当地居民展开调研，尤其是在北京老城风貌的展示上，没有对旅游者与原住民之间是否存在意见冲突进行调研，今后将展开北京老城居民对夜游所持意见的调研，确保和谐性、文明性、安全性，让游客游在其中、乐在其中，让居民住在其中、享在其中。

参考文献

［1］邹统钎，韩全，常梦情．夜间经济发展与管理的国际经验借鉴［N］．中国旅游报，2019-02-26（003）．

［2］朱文秋．夜间经济要注入文化元素［N］．联合日报，2019-06-26（002）．

［3］许倞．北京上海作为全球科技创新中心的实力和地位已初步显现［EB/OL］．http：//www.xinhuanet.com/politics/2017-12/15/c_1122117810.htm，2017-12-15.

［4］曹新向．发展我国城市夜间旅游的对策研究［J］．经济问题探索，2008（8）：125-128.

［5］梅林．开发夜间旅游　拓宽长春消夏旅游发展空间［J］．中国商界，2010（12）：121-122.

［6］岳超，荆延德．中国夜间旅游研究综述［J］．旅游论坛，2013，6（4）：71-76.

［7］赵一静：夜间旅游学术研究报告［EB/OL］．https：//www.useit.com.cn/thread-22670-1-1.html，2019-3-25.

［8］博物馆主题游吸引"90后"［N］．南方日报，2019-05-24（006）．

［9］繁荣夜经济城市治理要升级［N］．长江日报，2019-07-25（005）．

［10］文化旅游消费升温　博物馆主题游吸引"90后"［EB/OL］．http：//

travel. southcn. com/l/2019-05/25/content_ 187604091. htm，2019-05-25.

［11］韩哲．北京发展夜间经济正当时［N］．北京商报，2019-01-17（005）．

［12］秦昊禄．浅谈夜间开放对博物馆的重要性及影响［J］．文物鉴定与鉴赏，2019（23）：123.

［13］陈履生．博物馆之美［M］．桂林：广西师范大学出版社，2020.

［14］何东蕾．文旅融合背景下对中国博物馆发展的思考［J］．中国博物馆，2019（4）：112-117.

［15］倪伟．风靡的夜场：博物馆如何面对新课题？［EB/OL］．http：//www. bjnews. com. cn/news/2019/08/19/616940. html，2019-08-19.

［16］曲顺兰．国外慈善捐赠税收激励政策取向及我国优惠政策的完善［J］．经济与管理评论，2016（5）：100-111.

［17］3D"未来音乐会"《中国十二生肖》组曲上演［EB/OL］．http：//news. gmw. cn/2019-06/25/content_ 32946436. htm，2020-06-25.

［18］建议整顿"饭圈文化"和娱乐界不良风气，引导明星成为"正能量偶像"［EB/OL］．https：//www. sohu. com/a/397499923_ 115362，2020-05-25.

［19］知乎——请问张云雷粉丝…到底是一个怎样的群体？［EB/OL］．https：//www. zhihu. com/question/374572357.

［20］范文静．北京博物馆夜游需求分析与发展建议［J］．可持续发展，2020，10（2）：167-174.

［21］2019年北京演出市场平稳发展演　艺品牌促进文化消费升级［EB/OL］．http：//www. bjycxh. com/news/608. html.

［22］王艳玲，苏长青．当下相声艺术发展的瓶颈及对策探究［J］．艺术评论，2016（8）：45-54.

［23］王晓峰．积极推动夜间文旅经济大发展大繁荣［EB/OL］．http：//

travel. china. com. cn/txt/2020-10/27/content_ 76848464. html，2020-10-27.

［24］文化引领夜间经济助推国内大循环［EB/OL］. https：//new. qq. com/rain/a/20201108A03RGG00，2020-11-08.

［25］夜间经济高质量发展是文旅融合的重要支撑［EB/OL］. http：//www. ceh. com. cn/cjpd/2020/11/1324965. shtml，2020-11-13.

［26］范文静，王玉. 北京夜间文化消费研究——以相声演出为例［C］// Proceedings of 2020 International Conference on Education E-learning and Social Science（EELSS 2020），DEStech Transaction on Social Science，Education and Human Science，396-401.

［27］范文静，霍斯佳. 北京老城夜间文化消费需求与提升建议［C］//Proceedings of 2020 International Conference on Education E-learning and Social Science（EELSS 2020），DEStech Transaction on Social Science，Education and Human Science，361-366.

［28］范文静，戴雪晴. 夜经济视角下北京古都文化传承研究——以前门大栅栏为例［C］//Proceedings of 2020 International Conference on Advanced Education，Management and Social Science（AEMSS 2020），Advances in Social Science，Education and Humanities Research，Volume，256-261.

第二篇　中国"古典文学"与文化的影像化、数据化传播研究报告

第八章 以"古典文学"为关键词的学术研究之回顾与前瞻

2017 年初，中共中央办公厅、国务院办公厅印发了《关于实施中华优秀传统文化传承发展工程的意见》，言明重大国策：全面复兴传统文化。那么，如何"复兴"便是摆在面前的重要问题。"古典文学"是中国传统文化的重要组成部分，其研究向来备受学人重视。不过，本着"术业有专攻"的学科设置与研究方式，多数成果集中在对古典文学中"人物""作品""专题""方向"等的探索上；对"古典文学"整体进行探研的作品相对较少，却呈数量日益增多、质量稳步提升、角度与手法渐趋多元的状态。笔者以为对近些年以"古典文学"为关键词的学术研究进行回顾整理极有必要，故援笔综述以为前瞻，唯望有益于方家。

第一节 古典文学意义探讨

对一门学科的意义进行讨论、再讨论的时候，无论如何都是出现了一些必须去积极应对的问题。

2001 年 4 月 10 日，中国社会科学院文学研究所古代文学研究室邀请北京部分高校、科研机构、出版单位的古典文学专家，就"古典文学与华夏民族精神的建构"的课题，围绕古典文学对"华夏民族性、传统人格形成的影响"，表现出的"社会思潮和时代精神"，此中蕴含的"文人心态"，其于"精神史研究的意义"等四方面进行了讨论①。

这里对"古典文学"的讨论，主要是从精神文化层面，强调学科存在合理性与必然性。不过，随着现实问题愈发突出，古典文学尤其是古典文学研究的意义不断受到质疑与挑战，在这种始终浸润"文化"的宏大讨论基础上，学界逐步步入对更新、更具体"问题"的全面分析与应对阶段。

李永平在《中国古典文学传播研究的回顾与前瞻》② 中，从传播学视角对中国古典文学研究现状做了较全面的综述，包括古典文学传播理论、方式、内容、媒介、手段以及跨文化研究等诸多方面。文章总结出古典文学传播研究存在的问题是：首先，对传播学研究手法的运用不够娴熟，有些仅为对文学作品流传的简单描述，流于主观经验，还未上升至传播与接受理论层面。其次，对传播过程各个构成因素的研究分布不均衡，对传播者、传播媒介、传播环境等研究相对较少。

第二节　学术研究方法

学人对古典文学研究法的探索从未停止，毛慧君在《文学史料运用中的性别视角研究（1995~2004）》③ 中认为，古代文学作品中有大量出自女性之手，至于作品中涉及女性、塑造女性形象的更是不计其数。那么，若从女性视角切入，

---

① 傅璇琮．"古典文学与华夏民族精神"笔谈［J］．湖南社会科学，2001（4）：95-100.

② 李永平．中国古典文学传播研究的回顾与前瞻［J］．西安石油大学学报（社会科学版），2007（3）：84-88.

③ 毛慧君．文学史料运用中的性别视角研究（1995~2004）［D］．上海师范大学硕士学位论文，2005.

对这些史料进行爬梳、辨析，将会使此中潜在的性别意识、性别观念、文化原型等渐次浮出，使史料的运用更富有针对性与层次感，从而进一步提升对文学作品内容与价值的判断力。

邹广胜则通过对汉学家宇文所安的研究历程进行回顾来探索后现代语境下中国古典文学研究的方法。他认为宇文氏最大的特点，便是"把西方文化的精髓与最新的西方后现代文化发展的潮流完美结合在一起"，于细读文本之时，通过对逻各斯中心主义特征与内在矛盾的揭示，对传统作品中的观念进行解构，表现出典型的后现代风格。此外，宇文氏注重"对立场价值、人性、文化权力运作模式及传统知识分子身份、心态"等进行分析，能够从更加辽远宽阔的视角来重新发现古典文学的表现力与价值，为中国古典文学与比较文学的研究提供了有益的参照①。

与邹广盛的研究方法相近，白晓征在对汉学家韩南的中国古典文学研究进行分析时，亦特别注重归纳海外学人的学术方法。她认为，韩南在探讨古典小说的叙事问题时创建了自己的分析学纲要；推崇凭"风格标志断代"，以资材料证据之不足；强调考证的目的是疏通文学流变。在对《金瓶梅》和李渔进行研究时，韩南充分运用了自己在叙事与考证之间取得的理论成果②。

莫砺锋在学术报告中，通过回忆自身的求学与工作经历，介绍了数年的研究心得。他认为，古典文学研究必须要打好基础，选题要注重学术性与可操作性兼备，撰写论文时则要选择与"所研究问题性质相契合的方法"——不必盲目引进术语，能有效解决问题即好③。卢盛江的《新时期 30 年古典文学基础研究——学术思想和研究方法的思考》一文强调要重视古典文学基础研究，同时要

①　邹广胜. 后现代语境下的中国古典文学研究——宇文所安中国古典文学研究的几个基本主题 [J]. 学术月刊，2008（9）：114-120.

②　白晓征. 在叙事与考证之间——论美国汉学家韩南的中国古典文学研究 [D]. 华中师范大学硕士学位论文，2014.

③　莫砺锋. 古典文学研究方法谈 [J]. 山东师范大学学报（人文社会科学版），2009，54（5）：3-11.

注重拓宽学术格局与视野，将史料考辨融入整体研究，加强基础研究与理论研究的结合与融通①。

第三节　跨文化研究

在跨文化研究中，"古典文学"作为比对对象，其"整体"概念意义尤为突出，更有助于我们切换视角，从全球宏观视角观察我国古典文学的特质与研究现状。

任晓丽、梁利在《朝鲜古典文学中的中国传统文化》中细绎了朝鲜社会思想发展变化的历史，认为中国儒学、佛教、道教、程朱理学和实学思想传入朝鲜后，对其古典文学产生了深远影响，如朝鲜李朝小说家金万重的思想杂糅多方，充分融入作品《九云梦》中，"肯定了现世的功名利禄和享乐，又把道仙和佛境作为现世之上的永恒归宿"②。

与任晓丽、梁利偏重思想史不同，李光贞关注文学审美与风格，认为日本古典文学多以"物哀"为艺术创作的一种审美追求，注重感情的纤细幽微与本心体验，讲究心物交融，注重创造空灵缥缈、朦胧幽玄之境，追求不定不明却动人情思的形态美③。这就与中国古典文学以"尖巧""气弱"为不足的观念不同。

毛执剑探讨日本私小说诞生土壤时认为，这种盛放于20世纪20年代前半期的文学形式，"是西方文艺思潮与日本本土的古典文学相互融合、在特定的历史时期诞生的结晶"，继承了日本古代文学以"真实"为基础的创作传统。考论

---

① 卢盛江. 新时期30年古典文学基础研究——学术思想和研究方法的思考［J］. 山西大学学报（哲学社会科学版），2009，32（2）：33-38.

② 任晓丽，梁利. 朝鲜古典文学中的中国传统文化［J］. 解放军外国语学院学报，2004（4）：106-110.

③ 李光贞. 物哀：日本古典文学的审美追求［J］. 山东社会科学，2005（5）：86-89.

中，作者对东西方创作与审美倾向进行了整体比对①。

除却就文学文本、文体等进行跨文化探索，学人亦注重在传播学视域中来考量中国古典文学的"外交"之路。

陈橙对四部中国古典文学英译选集进行了分析比对，认为汉学家出于相异的文化背景，在编译文选时都会充分发挥自我主体性去组建文本，重构经典，而"闵福德与刘绍铭中西合作的选集则体现了中国学者在典籍英译方面的重要作用，必将成为未来文选编译的参考楷模"。海外专家与本土学者间建立平等互动的"对话关系"，中国学者积极介入，对于古典文学步入全球社会"话语场"来说至关重要②。王璇《〈红楼梦〉在美国的传播研究及其对文化外交的启示》③，通过梳理《红楼梦》的英译史以及美国学者对《红楼梦》的研究状况，发现其中存在的文化偏见与意识形态问题已成为跨文化交流的障碍，因而翻译工作对国家文化形象塑造便具有了战略意义——忠实于经典，传播真谛，以古典文学真正的魅力锻造中国文化形象，使其在文化外交中发挥出消弭偏见的作用。

第四节 教育研究

从教育教学角度对古典文学进行探索，在同类研究成果中比重甚大。就广义传播概念而言，教学是特殊的传播方式，目的明确，对效果也极为重视。而"古典文学"在现代语境中如何有效传播，是教学中必须直面的问题。

周睿指出，古典文学与中国传统文化血脉相连，有其自身特点与运行规律，

① 毛执剑.私小说诞生的土壤［D］.山东师范大学硕士学位论文，2009.

② 陈橙.论中国古典文学的英译选集与经典重构——从白之到刘绍铭［J］.外语与外语教学，2010（4）：82-85.

③ 王璇.《红楼梦》在美国的传播研究及其对文化外交的启示［D］.北京外国语大学硕士学位论文，2014.

"不可能为信息、技术等瞬息变化的'实用主义'所代替"。但传统诵读法日益受到质疑，而现代传媒却热衷于传播古典文学作品，这就有必要在"悖论"中采取合理的办法来进行古今勾连。他提倡通过"改编传唱""多元阐释""纠谬找错""传媒融会"等办法，利用最新的教学技术来开发崭新的教学资源，提高学生对中国古典文学的兴趣①。

叶愉静则从教材建设角度，探讨了苏教版语文教材中古典文学作品的选编特点，以及教学中当如何据此来展现人文精神、如何重构人文教育之培育策略、如何提升课堂人文教育的效率等。同时，她表明苏教版教材的不足在于"人文资源内容的分配不均衡""人文意识教育资源内容缺失"，这些当尽快予以调整，以期在今后的高中古典文学教学中收到更好的人文培育效果②。

在中高等教学分阶段研究之外，整合而观的"衔接性研究"也得到了重视。郑振峰、江合友以师范大学古典文学专业教学为基点，探讨了中高等语文教育的衔接问题，认为教师不应无视学生在中学阶段的学习水平与特点，应尽快熟悉其认知起点，调整教学内容，推进课程和教材建设，积极举行学科活动等，以不断提升课堂教学效率，提升学生综合素质，最终实现中高等语文教育的良性循环③。

唐阳红重点考察了古典小说在教学中遭遇的困境，即不受中学生青睐，在教材与考试中占据比例极小，也因此在教学中不受重视，成为"鸡肋"。作者严正申明了古典小说的教学价值与地位，批评了教学中"功利化、模式化和泛语文化倾向"，建议教师不断提升自身人文素养，采用情境设置、角色互换、现场上映等模式，使文本虚构转化为鲜活的"演绎"，通过对枯燥教学法的突破，使古典小说教学得以顺利进行。

值得注意的是，在对外汉语教学中，古典文学的价值与教法成为新的研究热

① 周睿. 传统诗词搭载现代传媒对古典文学教学的启示［J］. 电化教育研究，2009（7）：109-112.
② 叶愉静. 苏教版语文教材中古典文学作品的人文教育探究［D］. 苏州大学硕士学位论文，2011.
③ 郑振峰，江合友. 中高等语文教育的衔接性研究——以师范大学古典文学专业教学为例［J］. 课程·教材·教法，2011（7）：29-34.

点,此中蕴含的本体意义与传播方式问题更为复杂,亟待解决。

赵亚敏总结了国际汉语教育中古典文学教学的现状,从文化、语言要素学习、现代外语教学发展趋势的角度出发,阐明了古典文学教学在汉语国际教育中的必要性。进而提出在教学中应使用新方法,如古今结合、诵读带动、鼓励学习者母语表述;同时作为人才储备,要重视儿童教学等①。

侯婧怡通过文献研究、问卷调查、归纳总结等方法,对汉语学习者是否对中国古典文学及其衍生作品感兴趣进行了调查,确认了古典文学在教学实践中的积极意义。认为教师应根据学习者的兴趣点对文学作品进行选择,以适当的切入点引入课文,再设计出相应的课堂教学方案②。

第五节 意象研究

"意象"在古典文学研究中相当重要,无论何种文体,都存在"意象"的散在聚合或序列排布。学者研究具体诗人、群体、作品时都会关注"意象",对其进行深度探索与阐释。近些年,将"意象"单独提炼出来进行系统化研究的课题增多;学人愈发关注诗文中高频出现却向来不太被关注的"微物"。从细处入手,方向却较为多元——纵向挖掘探讨文化内涵,横向勾连比对东西文化意蕴。

黄丹蓉认为汉诗给日本古典文学注入了新鲜元素,在《新撰万叶集》中得到集中体现。作者从这部歌选集上卷中出现的"蝉"的和歌和汉诗入手,从"蝉鸣""蝉羽""蝉饮露"等方面来比对阐明中日诗歌中"蝉"意象的异同,

---

① 赵亚敏.汉语国际教育视野下古典文学教学初探 [D].兰州大学硕士学位论文,2012.
② 侯婧怡.论中国古典文学及其衍生作品在对外汉语教学实践中的作用 [D].四川师范大学硕士学位论文,2014.

进而分析中国古典诗歌"意象"影响力传播的方式与进程①。

童尚兰就"蝴蝶意象"的文化意蕴进行了多角度的探索，如从自然品性、文学史发展历程、经典的蝴蝶意象代表等，细致地演绎了意象形成及文化晕染的过程，精确展现出此中审美愉悦、人文情怀及其现代启示②。

与前两者探索"微物""移步换景"式研究思路不同，崔红梅的《古典文学中的"花园意象"解读》针对稳定情境意象进行了"定格切换"式研究，抓住花园意象外在可作"言情空间"，内在可为"情感寄托"的特质，结合不同文学题材、体裁对其审美生成、审美接受、审美呈现和审美意蕴等进行了比较系统的归纳、梳理和论述，全幅展现出这个传统意象的深沉底色③。

第六节　人物形象

与意象研究方法相似，以往的"人物形象"研究也多集中在对具体作品的解读中——追求精确扎实，是建立在文献基础之上的古典文学研究的思维定式。不过，从宏观、中观层面进行合理分类，去考察"典型人物形象类型"同样具有重要的学术价值。

郝雯的《中日古典文学中的复仇"女鬼"与"女幽灵"形象异同》，在跨文化视域中一窥中日"灵魂不死信仰"在文学形象塑造中的体现与差异化。作者认为"复仇"是女鬼、女幽灵的主要存在形式与形象内涵，同物异质，在中日文化差异中表现出不同的宗教观念、民族心理与社会历史发展状况。通过揭示这两种形象的异同，可以"探求出基于中日文学、文化共性基础上的特殊性认识，

① 黄丹蓉. 浅谈中日古典文学诗歌中"蝉"的意象——从《新撰万叶集》上卷入手［C］//福建省外国语文学会 2008 年年会论文集，2008.

② 童尚兰. 中国古典文学中蝴蝶意象的文化意蕴［D］. 华东交通大学硕士学位论文，2011.

③ 崔红梅. 古典文学中的"花园意象"解读［D］. 齐齐哈尔大学硕士学位论文，2012.

加深对于中日文学、文化关系的理解"①。

王慧的《中韩古典文学中狐狸性别形象的变迁及与女性的相关研究》，以"狐狸"题材为研究对象，对"狐狸"性别的演变、"狐狸"正邪相对等"两极"化形象的原因予以深度解析，认为狐狸与女性间的相互变异受东亚文化圈家长制度与男尊女卑思想影响，随着时代推移逐步发生变迁，也使女性形象、地位从另外一种表象得以呈现②。

整合而观，这种对特殊人物形象进行"类型化"的研究，其本质是要在文化上进行更深层次的探索。

第七节　重要学术人物

对前辈学人的学术历程、理论体系、经验以及不足等进行研究，是后人"站在巨人肩膀上"眺望的基石。近人对李长之、梁实秋两位文学批评家的研究逐步增多，且能注意调遣合适的方法与其批评风格匹配。于天池的《论批评家李长之对中国古典文学的批评》一文抓住李长之古典文学批评"以人为本"的特点展开，认为其能从人的价值中去感受作品美感与人文影响力度，"在吟咏探索作家的人格和性格中揭示古典文学作品的文化底蕴"③。

刘辉对李氏批评的理论特色、实践策略、价值取向以及现实意义进行分析，认为"传记批评"是其古典文学批评实践的写作模式与理论贡献，而"感情的型"则是其独创的诗学概念与文学批评标准；他所运用的批评策略可概括为，同

---

① 郝雯. 中日古典文学中的复仇"女鬼"与"女幽灵"形象异同［D］. 东北师范大学硕士学位论文，2008.

② 王慧. 中韩古典文学中狐狸性别形象的变迁及与女性的相关研究［D］. 四川外国语大学硕士学位论文，2013.

③ 于天池. 论批评家李长之对中国古典文学的批评［J］. 中国古籍与文化，2020（1）：8-15，19.

情论的文学批评、文化论的文学批评与语言论的文学批评。李长之对古典文化与文学精髓的阐释，表现出他对文学"重新估价"的信心和"疏导沟通传统和新文学"的向往①。

与李长之文学批评主要建立在对中国古典文学的阐释之上有别，梁实秋的文学批评理论吸收东西方精髓，自成一家，是对西方古典主义思潮予以呼应，融通中华古典文化而形成的中国新古典主义文学批评。故而，对李氏的研究常以"风格"领起，对梁氏则多以"体系"论说。曾方玉认为，梁实秋追随白璧德，重视研究古典主义的发展脉络，将其作为主线与基石来串联、构筑自己的文论体系②。

第八节　理论研究

一、学术流派：新古典主义

对"古典文学"流派的研究，主要围绕着新古典主义、新月派展开。

李钧对"新古典主义文学"进行了延展式设定，即它"是指在'全盘西化'背景下，接受了现代文学和文学理论洗礼后，重新认识了传统文化与文学经典的魅力，发现了本土资源与精神血脉的意义，从而在西方现代文学和中国古典文学的双重标准观照下，'取今复古，别立新宗'的文学思潮与创作"。在此基础上，作者对新古典主义文学行了有效讨论，明确了其与现代性交锋的价值，认为"必须以'中和'的态度看待传统与现代的关系"，做好资源配置，开发新的增长点，却要坚守本身的特色，尊重古典文学自身逻辑与运行规律，维护好其稳定性

①　刘辉. 论李长之的中国古典文学批评［D］. 山东师范大学硕士学位论文，2009.
②　曾方玉. 梁实秋古典主义文学理论研究［D］. 南京师范大学硕士学位论文，2014.

与恒久性。盲目跟风，强行将其引入单向度的社会现代化，将会得不偿失。对于新视角、新方法的运用，最终还是要服务于主体文化的"中华性"绵延与发展，无须迎合附媚，自当风骨劲健。①

朱寿桐的《论中国现代文学的古典主义影迹》则仍就吴宓、梁实秋等在古典主义理念指导下所进行的文学批评进行探讨。认为古典主义之所以未形成"创作实绩""运动轨迹"，乃是"意念理性"品质决定的，这种"价值理性形成之前的观念准备，体现在中国现代文学的古典主义影迹之上，基本上拘囿于形而上的意义，不过这倒使它获得了超越时代的价值"②。

黄红春的《新月派文学观念研究》立足跨文化的视角，综合运用文学、社会学和翻译学等多学科知识，分文体从不同的话语层面综合研究新月派的文学观念，并以此为核心探索新月派生成的历史语境，文艺观念的发展脉络、基本文学主张、艺术风格、组织活动、对现代文学景观的构成意义等③。

二、学术流变：古典文化及交叉学科研究

就古典文学学术流变展开的研究，大致可分为以下三个层次：探讨古典文学中承载的文化内涵、研究古典文学本体的衍变、不断开采古典文学与其他学科的交叉领地（包括从其他学科视角来窥探古典文学奥义）。

（1）就第一个层次而言。赵刚健的《中国古典文学的宇宙意识》，以"宇宙意识"为贯穿，分析了中国古典文学在不同历史文化时期所形成文学形态的成因与特质。认为宇宙意识贯注于中国古典文学美学思想中，成为其深厚美学底蕴，具体表现为："以天合天"的自然朴素观，疏朗开放的文学形象观，深沉绵远的

---

①　李钧．中和与重构，归心与返魅——20世纪中国新古典主义文学论纲［J］．文艺争鸣，2010（13）：75-79.

②　朱寿桐．论中国现代文学的古典主义影迹［J］．文学评论，2010（3）：92-95.

③　黄红春．新月派文学观念研究［D］．江西师范大学硕士学位论文，2013.

诗文张力方向，圆融通透的作品张力结构①。

焦晓云的《从古典文学看唐宋女子的清明节情结》讨论了一个无论专业学者还是普通大众都很好奇的问题，即在"三从四德"封建伦理约束下的古代女子的"社交生活"是怎样的。文章从女子自身的角度出发，探讨了唐宋女子清明节时的活动项目，包括荡秋千、放风筝、踏青、拔河、斗百草、蹴鞠等；其情结的成因在于借助节日的特殊与宽容，可以展示身姿，排遣苦闷，与异性交往，放晦求福，祭祀先人。该研究除去于古代文学、女性文学研究领域有所补，亦为探研中国古代社会的社会学、民俗学提供了有价值的材料与借鉴②。

（2）就第二个层次而言。杜晓锋探索现代文学时期古典诗词的创作情况，角度颇新，具有理论与实践双重价值。他认为随着新诗体的流行，旧体诗词巨星陨落，从传统文学中心地段步入边缘，然而"一直都有那么一股力量为古典诗词创作而存在"。这种力量支撑的创作，既无法彻底磨灭，在现代性文化洪流中又无法明媚彰显，这是一种保守思潮的体现，也是古典情怀的难以释然③。不过，这种结论失之太简，还具有继续进行理论探索的空间，比如从古诗文的文化凝聚力、文本聚合结构以及创作论等角度着手。

曾枣庄先生则从"体"的角度，对中国古典文学的本质进行了清晰的描述，澄清了一些认识与理论方面的浮埃。他认为中国古典文学笼统可分为三种：文学性、非文学性、两可性。但这种依"体"划分并不绝对，经典篇目可存在于个体当中。而任何文体都是两可的，作者明确指出"决定其是否属于文学，是作品本身，而不是文体"。因此，所谓正体、变体都具有相对性，其产生与流变自然而然。而"破体"则是"为求变求新而有意为之"。故而做研究，当从中国古典文学的客观实际出发，尊重其本"体"特色，无须生搬硬套西方文论来强行划

① 赵刚健.中国古典文学的宇宙意识［J］.江淮论坛，2004（4）：104-109.
② 焦晓云.从古典文学看唐宋女子的清明节情结［D］.燕山大学硕士学位论文，2008.
③ 杜晓锋.现代生命的古典情怀——浅谈现代文学时期的古典诗词创作［D］.山东大学硕士学位论文，2007.

分与约束①。

（3）就第三个层次而言。"文学地理"这个概念，由梁启超先生首次提出。文学地理学则以文学与地理环境之关系作为研究对象。1989年，曾大兴发表了论文《中国历代文学家的地理分布》，正式开启了文学地理的实证研究。鉴于以往的研究多集中在文学与"人文地理"方面，他在《气候（物候）的差异性与文学的地域性——以中国古典诗歌为例》一文中，以中国诗歌为例，集中论证了气候、物候与文学地域之关系，认为"气候的差异性影响到物候的差异性，物候的差异性影响到文学的地域性"，将研究重点向文学与"自然环境"的关系方面倾斜②。

从编辑出版学角度进行古典文学研究，具有双重意义。周语《现代报刊与早期古典文学研究》首先对1916~1928年《晨报副刊》及其专刊上的古典文学研究进行了整体描述，另一方面则选取甘蛰仙、刘大杰、胡云翼等作者，结合他们的生平活动进行具体分析，通过点面结合的方式，多角度展现出现代报刊与早期古典文学研究的关系③。

建筑与文学看似相去甚远，但两两浸入中国传统文化中便可取得审美浑融、相得益彰之效。张泠认为古典文学作品完美存录了历史时期建筑的审美底蕴，文人士大夫对建筑物象的审美移情中体现着对"天人合一"的领悟。同样作为艺术，古典文学与古代建筑花月辉映、兰桂相依，形成审美同构的特质④。

---

① 曾枣庄.中国古典文学的尊体与破体［J］.清华大学学报（哲学社会科学版），2009（1）：59-70.
② 曾大兴.气候（物候）的差异性与文学的地域性——以中国古典诗歌为例［J］.浙江大学学报（人文社会科学版），2013，43（3）：83-92.
③ 周语.现代报刊与早期古典文学研究［D］.复旦大学硕士学位论文，2014.
④ 张泠.中国传统文化背景下古典文学与建筑艺术的审美同构［J］.东岳论丛，2015，36（12）：62-67.

第九节　新时期转变与转型

在单向度的现代性社会，古典文学面临的最大挑战与机遇便是如何在数据化、影像化的趋势中生存。

郑永晓在古籍数字化、数据化应对方面用功颇深，他在《古籍数字化与古典文学研究的未来》① 中明确指出，"具有前瞻性眼光的学者决不能仅仅满足于把计算机当作一个检索工具"，他认为中华典籍浩如烟海，又无版权争议，但开发利用率较低，对其予以数字化处理的迫切性、必要性较之现代书籍有过之而无不及。研究者对于数字资源库的使用，应当不止于检索，还应当"将人的创造性思维与计算机的强大功能有机结合起来"。时隔九年，郑永晓发表了《加快"数字化"向"数据化"转变——"大数据"、"云计算"理论与古典文学研究》② 一文，认为大数据和云计算绝不仅是"数据无限累积"与"计算方式更新"而已，代表着全新思维方式进驻古典文学研究当中——改变对局部细节的过分执着，应在更宏大数据的全幅撑持下对问题看得更清楚、更透彻。

黄鸣奋对古典文学数字化的研究主要从英语世界传播的角度切入，认为古典文学数字化传播的显著特征是"数据化、网络化与交互化"，为英语世界新媒体艺术创作提供新契机、为相关国家文化产业提供新的增长点、为我国文学遗产跨文化传播提供新视野。不足在于，这种数字传播带有随机性，还未形成有计划、有规模的系统工程③。

---

① 郑永晓. 古籍数字化与古典文学研究的未来［J］. 文学遗产，2005（5）：130-137.
② 郑永晓. 加快"数字化"向"数据化"转变——"大数据"、"云计算"理论与古典文学研究［J］. 文学遗产，2014（6）：141-148.
③ 黄鸣奋. 从联机目录到大数据：英语世界中国古典文学数字化传播［J］. 现代传播——中国传媒大学学报. 2014，36（4）：14-21.

较之数据化侧重对数字程序与运行方式的开发，其技术掌握在"少数人"手中，影像化则能以非常直观明了的方式惠及"大众"。那么，以文字作为绝对载体的中国古典文学在传播方面受影像化的影响更多。

张庆诚的《老与新：视听风尚改变下的名著改编——以〈水浒传〉改编为例》① 一文，认为电视事业发展经过三大阶段：探索阶段、冲击阶段、成熟阶段。每个阶段间时间跨度不小，风尚转变也在加速，人们的审美与观念也大不同于以往，那么，改编面向当下观众，要在视听语言、情节、人物设定等多方面下功夫。高水平改编要避免为了追求新奇、奇特而使作品变得庸俗化、内涵缺失、浮夸突兀，更要避免渲染色情、暴力，或者刻意表现市井、市侩气浓重的价值观。

翟兴娥重点考察了中国古典文学向现代文学转型的起点以及基本动因。她在确认季桂起提出的中国古典文学转型"两动因论断"（民族自身历史轨迹与西方影响变化轨迹）价值的基础上，提出了转型应包括四个动因：需求动因，表现为"非农人群崛起"；思想动因，主要是文学追求回归"人"本身；学习动因，表现为"西学东渐"；工具动因，主要为"言文合一"。四者合力推动了中国古典文学向现代文学的艰难转型②。

同样研究转型，张剑则从"文学观念转型"角度予以探索，认为在中国古典文学批评的核心命题中，"诗言志"较"文以载道""诗缘情"的两极化倾向具有更广深的包容性，故成为五四作家在社会启蒙与文学本体建构的双重考量下历史性的选择，形成"言志"的文学观念，并逐步走向分化。而这种分化，恰是"现代文学观念逐步多元化与现代文学学科发展的必然"③。

① 　张庆诚. 老与新：视听风尚改变下的名著改编——以《水浒传》改编为例［D］. 陕西师范大学硕士学位论文，2012.
② 　翟兴娥. 中国古典文学向现代文学转型的基本动因探讨——兼论季桂起《中国文学现代转型的历史源流》［J］. 求索，2013（7）：140-142.
③ 　张剑. 载道、言志、缘情的变奏：古典文学批评框架下的新文学观念考察［J］. 吉首大学学报（社会科学版），2014，35（2）：99-106.

梅新林的《战时学术地图中的古典文学研究高峰》① 一文，从古典文学发展的重要历史阶段对其转变与发展进行探索。他认为抗战时期，东—西部学术"纵轴线"出现重心大转移，这不仅重塑出国统区与沦陷区两大学术板块，而且直接影响了学者群体的空间流布与人生抉择。而此期学术高峰的形成，乃是古典文学学者对学术坚持不懈的精神造就的，对带动学界在学术与精神方面具有双重价值及启示意义。

① 梅新林. 战时学术地图中的古典文学研究高峰 ［J］. 文学遗产，2015（5）：4-21.

第九章 以"影像化"为关键词的 学术研究之回顾与前瞻

第一节 从影视至小说：新派电影人与小说创作

就围绕"影像化"关键词展开的研究而论，对新生代导演、作者以及别国优秀电影人的关注与探索进入新的阶段——视角多元，取径巧妙，于多方对话表现得更为积极。

在大众传播市场中，影像从文学中汲取叙事与文化资源，而文学则从影像中索取生存与传播空间。处在这个市场中的创作者身份也日趋多元，比如刘震云，在"文学触电"的选择中，从应对自如渐至游刃有余。王珏的《刘震云小说的影像化阐释》① 认为，刘震云小说影像化的成功关键在于小说主题具有强烈的现实意义，人们身处其中，自然乐于从屏幕放大中以旁观者的身份来思索。不过，作者最后点明，这样的成功无法复制，效仿则意味着小说创作会刻意向影像求同。

较之诗歌、散文、戏曲等"聚合"形式，小说应该是文学体裁中最讲究"叙事"的。具体至中国文学，无论文本组建方式如何，都应当有"载道"的觉

---

① 王珏. 刘震云小说的影像化阐释［D］. 上海师范大学硕士学位论文，2012.

悟与担当，故而传统小说因叙事而产生的"娱乐性"亦不得显豁自主。而在当今"文学"不能免俗成为"消费品"的趋势下，小说的"娱乐性"陡然解放，成为观者消费的首选，呈现出通俗化、类型化的特点。彭绿原的《论文化消费时代小说的影像化——以麦家小说改编为例》认为，在这条背离精英化纯文学的路上，作家麦家以奇异的想象与独创性"在艺术价值与消费价值之间取得了较好的统一"。作者以分析麦家小说在影视改编过程中的得失为落脚点，深度思索了小说创作的道路问题①。

第二节　影像化理论探讨

所谓"小说影视转化"，是指小说与影视两种媒介形式彼此转换，包括文字文本转化为视频影像，影像化审美与技巧融入小说创作，而衔接的两端并不能互相替代，毕竟受众的接受习惯、审美诉求难以趋同。

王婷采用"断代细分"与"密集举证"的方式对2005~2012年话语改编电影进行梳理与划分。作者强调"电影对小说的改编，是世界电影史上一个普遍而重要的艺术现象"，在此基础上，华语电影改编又表现出自己的特色。从符号学角度来看，小说文本与电影文本具有"互文性"，这种共通使跨媒介改编成为可能②。

同样将改编作为"现象"研究，许珍的《20世纪90年代以来小说影视转化现象研究》③一文则更突出从"小说"立场出发。强调小说应在这种跨媒介转化中保持自身独立性，一味谋求影像表达，只会弱化文字的传播力量，使作家创新

---

① 彭绿原.论文化消费时代小说的影像化——以麦家小说改编为例［D］.安徽大学硕士学位论文，2014.

② 王婷.从小说到电影：2005至2012改编华语电影现象及个案研究［D］.重庆工商大学硕士学位论文，2012.

③ 许珍.20世纪90年代以来小说影视转化现象研究［D］.沈阳师范大学硕士学位论文，2013.

能力与文本接受愈发式微；二者之间"应该保持一定的距离，形成一种互相尊重，互相竞争，充满对话与交流的关系"。

在众多改编作品中，加拿大作家扬·马特尔的小说《少年派的奇幻漂流》脱颖而出，受到学界与市场的双重青睐。与此相应，对其元文本与次生文本进行的比较研究也逐步增多，而聚焦的问题是如何从"不可能影像化"走向"成功影像化"。

边哲细致分析了李安电影与原著之间的同异，认为小说相对密闭的空间叙事看似不可影像，然而却提供了大量"可以填补的空白"。电影在这方面对人物进行重塑，将叙事者"焦点化""线索化"，成功将小说的封闭打开，转化为观众最易接受的时间单线叙事。同时，在保持了原著宗教多元主题与魔幻风格的定位上，剥离了原著的本土内核，自然融入全球化因素，在流行文化与严肃文学之间找到了平衡点，增强了作品的寓意普世与审美融通[①]。

倪璇璇的《从"不可影像化"到奥斯卡大奖——试析〈少年派的奇幻漂流〉小说与电影的艺术转换》一文开篇即指明，"改编自文学作品的电影越来越多，但改编的质量却没有与改编数量呈同比增长"，而 2012 年底电影《少年派的奇幻漂流》的上映，"才弥补了质量上的空缺"。作者认为小说与电影两种艺术形式具有通约性与对抗性，而李安电影改编的成功在于明确此中特质，能够从丰富的改编实践中提炼出规律，融入对作品形式的转换中[②]。

第三节　传统文化影像化表现

与改编理论研究聚焦"文本转换"相异的是，对传统文化影像化表现的探

---

①　边哲.《少年派的奇幻漂流》小说与电影的比较研究［D］. 湘潭大学硕士学位论文，2014.

②　倪璇璇. 从"不可影像化"到奥斯卡大奖——试析《少年派的奇幻漂流》小说与电影的艺术转换［D］. 上海师范大学硕士学位论文，2014.

索多集中在对"生存现状"与"文化策略"两方面的思索上。

一、从生存现状方面来看

马瑜的《当文学遭遇图像——论图像时代的文学处境和出路》[①] 一文，通过对图像时代到来的背景分析，确认了图像时代到来的必然性，以及影视本身与生俱来的魅力；明确指出这种视觉化、影像化、技术化的特质模糊了文化雅俗之分的界限，给文学创作带来了空前的挑战。但文学在读图时代的顽强生命力，也鲜活证明了其无法取代的独立性与独特审美场域。作者认为"文学接受影视改编"并不是其唯一可行路径，真正的文学当存活在"心灵"与"阅读"之间，而非等待招安的剧本。

林柳生则分析了文学经典在大众文化时代遭受冷落的原因：多元化价值观的泛滥与解构主义的流行架空了经典传播的基础；由经济触角点化蔓延的"快餐作品"降低了受众的文化接受门槛，却增加了经典中厚重文化传承的障碍；文学载体的多元符号切换，使主要由文字驻扎的经典阵营难以发挥应有的实力；马克思主义文艺观不断被五方杂说消解[②]。

二、从文化策略方面来看

陈鹏以中央电视台《百家讲坛》及同类型文化讲座类栏目为核心考察对象，分别从社会转型、精神困惑、文化消费以及文化寻根等方面进行梳理；同时，对语言方式、建构模式、故事化、明星化等方面做了探讨，基本上完成了对传统文化传播方式的概貌梳理，系统地论述了电视对传统文化的改造方式和传播策略[③]。

----

① 马瑜. 当文学遭遇图像——论图像时代的文学处境和出路 [D]. 西北大学硕士学位论文，2009.

② 林柳生. 大众文化时代文学经典的命运及其弘扬之对策 [J]. 韩山师范学院学报，2010（5）：48-55.

③ 陈鹏. 当代电视媒体中的传统文化传播——以《百家讲坛》为例 [D]. 山东大学硕士学位论文，2009.

宋楚乔的《传递人文关怀 重塑伦理道德——中国传统文化在热播剧中的影像化表达》[①] 一文指出,"仁、义、礼、智、信"已然成为当今影视剧中"最为重要的表现主题"。身处社会转型期,人们开始发觉快餐文化造成的"营养不良",亟须以传统文化的滋养来弥补"价值缺失",而影视剧拥有庞大的受众群体,应当"承担起传播、提倡传统文化的精神的社会担当"。这一过程需要审慎地批判继承与大胆地融会贯通,不断赋予新的内涵与时代精神,绝非简单的再现重拾或搬运截取。如何通过生动的影像将传统文化的价值观念体现出来,使其能够为大众所感知和接受,让受众感受到失落已久的人文关怀,寻找到属于自己的精神坐标是创作者们需要认真考虑的问题。

杨雁雁、陈咏的《中国民间故事的影像化研究》[②] 一文认为,民间故事是民族文化的重要组成部分,反映了传统道德和审美取向,经过无数人的遴选和再创作,累积了深厚的文化底蕴,浓缩了人类的共同情感,具备了雅俗共赏、超越时空的恒久魅力。将民间故事转化成影视艺术作品,无疑是一件既有现实价值也有历史意义的大事,它不仅能为当下的影视创作提供丰厚的创作资源,而且还能让传统文化得到更加生动鲜活的延续发展。在民间故事影像化过程中,应当注重对其影像化方法和规律的探讨,包括关注当代生活和价值观念的展现、力求符合受众的期待视野和审美心理等。

第四节 民族文化资源开发

传统文化影像化大多要经过文学文本转化这一层,此中便出现了不同媒介之

① 宋楚乔. 传递人文关怀 重塑伦理道德——中国传统文化在热播剧中的影像化表达［J］. 新闻前哨, 2014（12）: 17-19.
② 杨雁雁, 陈咏. 中国民间故事的影像化研究［J］. 电影文学, 2015（2）: 4-7.

间的优劣争议与生存规划问题。然而，影像化于民族文化资源开发而言却有着特殊积极的作用，可以记录下那些亟待保藏的珍贵瞬间，以及大众犹未虑及的民俗未来。

伍先成的《民族文化保持的影像到场——基于生态美学的视角》[①] 一文，阐释了人与文化共生的关系，言明文化的危机便是人的危机，影像到场可以有效缓解文化现代性对民族文化多元结构的消解，而电影也乐于展现民族生态之美。影像保持的模式可分为非体系性与体系性，其最终目的都是使民族自然生态、社会生态、文化生态得到保护与保存。

毕竞文的《民族文化资源影像化转换的价值思考》[②] 一文指出，将民族文化资源进行影像化转换无疑是对民族文化保护的一种有效探索，具有历史价值与经济价值。不过，现代民族影视亦非纯然"净土"，存在过分娱乐化、缺少精品等问题。

在毕竞文之前，黄辉的《附魅、返魅与仿魅：影像化湘西的文化逻辑》[③] 一文已就"湘西"影像化过程中出现的逻辑问题展开专论。他开篇即言"对于湘西形象塑造，从来都是通过影像化的"，诚因如此，影像化湘西经历了"印象湘西""影像湘西""影响湘西"这样的过程。作者将其文化逻辑称为"附魅、返魅与仿魅的三部曲"，认为依此逻辑传播的影像化湘西，存在危险的陷阱：被"封建化""原始化""野性化"。这危害着湘西形象的塑造以及湘西文艺的创新。

万潇潇从土家族非物质文化遗产保护的动画应用入手，结合国内外将非物质文化遗产与动画结合的成功案例，探析将动画应用于非遗保护与传播的可行性，进而改变关于"动画仅仅是动画片"的狭隘观点。认为当代动画的技术、艺术、

---

① 伍先成.民族文化保持的影像到场——基于生态美学的视角［D］.云南大学硕士学位论文，2010.

② 毕竞文.民族文化资源影像化转换的价值思考［J］.电影评介，2011（16）：3-4.

③ 黄辉.附魅、返魅与仿魅：影像化湘西的文化逻辑［J］.吉首大学学报，2008（2）：118-122.

媒介及文化的多重属性及其"复原历史动态"的功能，完全可以移植到保护非遗的工作中来。通过动画的方式去"记录""复原""再现"是非常可行且必要的，同时对于挖掘民族文化内涵、重塑"中国画派"动画雄风具有重要意义①。

李强、刘臻玮则就民俗志影像化书写方法进行了探讨，申明其有别于纪录片，强调"民俗志影像化书写"是基于民俗志学术理论，严格按照民俗学中民俗志学科建设要求，对民俗事象进行影像化展示；在具体操作中，每次展开与实施都有特定的情景，每次表演也都不相同，没有纪录片那样的脚本与反复拍摄，具有不可重复性。民俗志影像化书写，目前还"只是一种边缘民俗志书写方式"，但一旦在学术界普及便可"让乏味而辛苦的田野作业，变成一项真正意义上的艺术创作"，能够有效实现民俗事象及民俗主体的保存、保护及推广②。

郑舒文的《拉祜族创世史诗〈牡帕密帕〉影像化再创作的探索研究》一文，则从影像绘画研究视角出发，以拉祜族的创世史诗《牡帕密帕》的影像化再创作为主题，探讨了运用摄影方法对传统文化进行阐释的构想及意义③。

第五节　电视剧

较之电影，电视剧从某种程度上说是一种大众化程度更高的媒介形式，内容容纳量大，时间长短富有弹性，对人物塑造具有更稳定的时空框架保障。近年

① 万潇潇. 当代动画的文化传播属性与作用研究——以土家族非物质文化遗产保护的动画应用为例［D］. 武汉纺织大学硕士学位论文，2012.

② 李强，刘臻玮. 民俗志影像化书写方法——以拉萨甜茶馆民俗志影像化书写为例［J］. 西藏科技，2013（3）：23-26.

③ 郑舒文. 拉祜族创世史诗《牡帕密帕》影像化再创作的探索研究［D］. 云南艺术学院硕士学位论文，2014.

来，对电视剧进行的研究比较侧重讨论"题材"与"类型"。

赵鲲的《晋商题材电视剧研究》一文，认为经过数年发展，晋商题材电视剧已形成了鲜明的风格与艺术特色，成为一种相对独立的叙事类型。其成功地对山西地方进行了城市品牌营销，"实现了电视剧艺术与社会及市场完美互动，这在中国电视剧领域也是罕有的文化现象"。不过，将其置于中国电视剧整体环境与时代发展中看，还存在对地域文化内涵理解不够深入、解读模式相对单一等问题①。

按照电视剧题材所涉及的时间段来划分，大致可分为历史题材、现代题材、当代题材。缘于历史题材浩瀚广深的内涵与巨大的发挥空间，历史体裁的电视剧近些年几乎占据了半壁荧屏。司洪岳借助结构主义精神分析学家雅克拉康的"镜像理论"，以及由这一理论延伸的阿尔都塞的"意识形态理论"对历史剧的复杂特征进行了深度剖析，认为历史电视剧必须接受历史真实与社会现实的"询唤"，并对两者保持不同层面的认同，以此来确证自身的类型化身份；同时它又反作用于对历史真实的建构以及社会现实的隐喻式表达，这种反作用，也是一种意识形态的"询唤"功能②。

张秀平的《经典的再生产——中国神怪题材电视剧研究》③一文，认为研究神怪经典在中国神怪电视剧领域内的再生产现象，其核心问题是对中国神怪经典语言文本转换成神怪影像文本运作机制进行深入探讨，并在此运作过程中发现神怪电视剧再生产的运作规律。拍摄者应当找到经典文本影像化中的平衡点，避免因过度迁就文化消费的娱乐性而忽视神怪题材中传达的传统文化意义以及艺术价值。

① 赵鲲. 晋商题材电视剧研究［D］. 河北大学硕士学位论文，2011.

② 司洪岳. 历史与现实的映照——关于历史电视剧的"镜像"研究［D］. 陕西师范大学硕士学位论文，2014.

③ 张秀平. 经典的再生产——中国神怪题材电视剧研究［D］. 山东师范大学硕士学位论文，2015.

第六节 其他艺术形式影像化

除文学外，其他艺术形式亦沾沐影像化淋霪。

一、版式

吴娇娇在《版式设计的多维文化研究与教学》① 一文中表示，中国设计艺术在世界设计艺术中的文化定位、新媒体与新材料艺术引起的设计及其教学的变化等问题目前还未得到充分关注。作者尝试从独特的文化带来独特的版式审美表现入手，选取以文化为主线重新对版式设计进行审视，从文化的多个维度进行横向比较和论述，从而分析版式的文化魅力，并在此基础上探求版式设计的发展和相应的设计教学问题。

二、绘画

在众多的艺术形式中，绘画可能从更直观的层面，以更直接的方式受到影像的影响。

谢宏声的《观看与表达——影像时代绘画何为?》② 一文便表现出了这种对绘画边缘化的焦虑，他认为，"绘画实验空间的捉襟见肘与影像文化的无所不在形成鲜明对照"。所谓绘画又回来了，与当代艺术整体景观对照，不过是变换方式被纳入主流。架上绘画不仅依然边缘化，而且这种边缘化的方式也被影像文化所规定。

不过，纯粹从绘画本质出发，研究者对于其艺术表现力还是充满信心的，将

---

① 吴娇娇. 版式设计的多维文化研究与教学［D］. 浙江师范大学硕士学位论文，2006.
② 谢宏声. 观看与表达——影像时代绘画何为?［J］. 美术研究，2007（3）：41-48.

关注点转移到对绘画人文精神与技巧的挖掘上。王征的《油画肖像画创作研究》① 认为，油画肖像画创作是对描述对象的一种再认识、再表现，以此传达画家的心理，对人文的理解与关怀，并以其绘画语言去感动观者，彼此寻求精神价值认同。作者强调，在当今数字社会中，面对影像化趋势与多媒体广泛运用，坚持纯粹的绘画语言，是创作生活所需高质量艺术品的前提与保障。

赵奎林的《中国当代油画创作中的影像化倾向研究》② 一文，对当代油画创作中的影像化倾向进行了系统的梳理与细致的分析。他认为这种创作倾向已普遍化，其自有存在的沃土与发展的缘由。首先，与当下社会文化氛围接轨了；其次，符合艺术发展规律；再次，数字化技术的发展为油画影像化带来了契机；最后，青年画家借此突破传统，构建自己的绘画语言，发出内心的声音。

对于油画创作，李一帆的《解读与思考——中国当代油画对影像画面的借用》③ 一文则更多考虑了绘画创作资源的使用问题。艺术家从新媒体生产的纷纭图像中取材，从其多元技术中汲取灵感来丰富创作，并以此表达对生活的体悟。在作者看来，这种新的创作方式固然是不错的，但其镜像倒影式观察却弱化了创作者与社会直接接触的动力与能力。作者呼吁艺术家提高个人艺术修养、文化内涵和思想深度，去努力创作真正能振奋时代精神、饱含生命力的作品。

三、建筑

就影像化而言，建筑学方面则更注重对形象思维模式的调整进行思考。陈丽莉的《电影建筑消解·想象·情节——基于影像逻辑下的"电影建筑"理论研究》④ 一文，认为原先建筑设计总是徘徊在平面作图之上，导致建筑叙述感、场

① 王征. 油画肖像画创作研究 [D]. 新疆师范大学硕士学位论文，2008.
② 赵奎林. 中国当代油画创作中的影像化倾向研究 [D]. 西南大学硕士学位论文，2010.
③ 李一帆. 解读与思考——中国当代油画对影像画面的借用 [D]. 华中师范大学硕士学位论文，2014.
④ 陈丽莉. 电影建筑消解·想象·情节——基于影像逻辑下的"电影建筑"理论研究 [D]. 郑州大学硕士学位论文，2011.

所感丧失,这种传统的空间观察法亟待改进。建筑实践应当在"电影建筑"理论的基础上,对于时空关系形成新的理解,以一种"影像化"的思维方式来求索建筑的本质问题。

王琨的《似者如斯——建筑空间"像"与"象"意识引论》[①]一文中强调,空间是建筑的核心问题,这就有必要对"空间"进行更深层次的哲理思考。作者以空间意识为主要研究对象,对西方空间意识中的"像"、东方空间意识中的"象"进行比对探讨,研究建筑的核心问题"空间意识源于哪儿,流向哪儿"。

毛腾的《记忆在视觉艺术创作中的情感表达》[②]一文,讨论了一个所有艺术都会涉及的问题——记忆。将之放在"视觉艺术"创作中去探讨,则于影像化整体研究具有普遍适用性意义,比如记忆与风格养成,记忆与绘画创作、摄影创作之间的关系等。

四、艺术广告

所谓"艺术广告",目前还没有特别精准的定义,但这种广告类型或是现象,总会涉及作品所带来的"艺术性"。笼统来说,能带给人艺术美感与审美愉悦的广告可以称为"艺术广告"。

秦伟的《论消费文化视野下的广告与符号消费》[③]一文,通过对现在消费文化特性的分析,结合"符号意义分析""消费者人格特质—自我概念理论"以及波德里亚的"符号消费理论"来探讨现代广告代表何种消费文化意义,能给予观者何种消费满足,进而分析其象征意义、艺术潜质以及建构符号消费的方式。

具体至艺术广告,徐晓刚用接受美学研究法对"艺术广告"概念进行了初步界定,探索了艺术广告的发展历程。他认为,后现代广告多半是"艺术的",

---

① 王琨.似者如斯——建筑空间"像"与"象"意识引论[D].昆明理工大学硕士学位论文,2012.

② 毛腾.记忆在视觉艺术创作中的情感表达[D].中国美术学院硕士学位论文,2014.

③ 秦伟.论消费文化视野下的广告与符号消费[D].兰州大学硕士学位论文,2006.

受众倾向于首先去获取美感体验，然后才是商品本身。故而，艺术广告创作的起点与目标必须是受众，形成的具体作品要自然融汇多种文化与技术手段，以"鼓动性艺术语言与形象"飨受众之视听心目①。

第七节　数字化与影像化（网络新媒体影像）

数字化、影像化是新时代两种不同的文化倾向，与文字一道构建了人们表达世界的方式，形成了"三足鼎立"的格局。它们彼此之间且配合且制衡，在现阶段并未在拱卫文化方面形成稳定合力方向，此间迸发出种种问题，是需要努力去探索与解决的。

以往对电影人价值的评估，多集中在他们直接呈现出的影像及其文化底蕴方面，于整体运行环境中去观测的比较少，容易流于对影片技术含量与艺术水准两极化的讨论中。虞晓的《幻光魅影背后的身份指认——商业与数字化语境中的乔治·卢卡斯》②一文围绕如何评价乔治·卢卡斯展开，研究个人与体制的共生、市场化条件下的商业运作，以及以奇观呈现为主要特征的高技术虚拟影像对传统电影美学的冲击，再整合阐发重估电影人价值的意义之所在。

胡炼则就数字化与影像化的文化深意进行了比对式探讨，他在《数字化与影像化文化内涵探讨》③一文中谈到，数字化是一种数字表达与编码的趋势，倚重数字，在电脑普及的时代具有特殊优越性——便于终端程序控制与管理。超越纯技术操作层面来看，数字化趋势从近代工业革命以来便从包蕴深沉走向明显推进。于人文而言，数字化意味着最不稳定的"人"的意义从一个数码矩阵的秩

---

①　徐晓刚.艺术广告的产生及其价值和意义［D］.吉林大学硕士学位论文，2007.

②　虞晓.幻光魅影背后的身份指认——商业与数字化语境中的乔治·卢卡斯［D］.西南大学硕士学位论文，2006.

③　胡炼.数字化与影像化文化内涵探讨［J］.湖北成人教育学院学报，2006（5）：38-39.

序世界中退出，人处于工具地位，而"文"的意义随之变得以"工具理性"为上，处于辅佐地位。

而影像化的原点是人类画下的图像，图像经过分类、提炼、重组便成为文字，文字在相当长的时间内使图像的表达功能处于边缘地位，但却在内里以无限重组的方式穷极对思维中"影像图景"的追求。随着"数字"的强力进驻与支撑，图像的运用被焕发与延伸，可谓凡数字可及皆有图像，如建筑学理论中的观念，影像几乎可以穷极所有的空间——无论是真实的还是想象的。当人们发觉影像能够实现人类对"视觉解决一切"的渴望时，数字有了继续扩张版图的强烈动力，而文字的领地却被大幅度挤占。属于文字盘踞之地的"文学"，已经表现出向影像看齐的趋势——小说的叙事链条中横亘着越来越多非情节推进所需的"影像"横截面，而以点面聚合形式凝结的"诗"更是在光影遍地的时代难以容身。原本"诗"可以带你去的"远方"，由影像便可自如召至眼前——一切都变得简单，由文字"传话"的复杂便显得格外不合时宜。

吴凤颖的《网络恶搞文化流行的深层解析》[①] 一文考察了后现代主义和网络恶搞文化的关系，认为"恶搞"这种现象是在后现代语境下产生的，且具备"后现代"品性，与网络区中心化的媒介特性密不可分。作者从以往的单纯对恶搞现象进行批判的二元逻辑中跳出，从技术和心理两个维度对这种"非主流"的文化进行了溯源式探索。

同样作为网络媒介的产物，"微视频"在个体表达方面展现出了比较积极的一面。张佰娟认为，2006~2007年，微视频在短时间内从萌生至茁壮，成为了网络传播中的一种流行文化。它以"公开与私密相结合"的影像传播方式构建了一种新的人际交往方式，参与者、观看者众多，让更多的人越过技术门槛开始在网络发声，真正拓宽了"自媒体"之路，调动了个体展现自我的欲望，从某种

---

① 吴凤颖. 网络恶搞文化流行的深层解析［D］. 哈尔滨工业大学硕士学位论文，2007.

程度上"为个体的存在赋予了全新的意义"①。

除却新技术诞生与蔓延引发的个体存在方式的变革，网络也使"拍照"这种传统的方式重新焕发了光彩，足以"干预、入侵或报道正在发生的任何事情"。王怿的《解读网络拍照文化对高校学生社会关系的影响》② 一文以观察与问卷相结合的方式获取稳定数据，来分析高校学生上传、浏览、评论照片的行为心理以及此中"求取自我"的路径。认为在社交网站上极为活跃的"拍照青年文化族群"具有较高的科技接受度，而这一切均在默默地改变着青年在学校内外构建与调适人际关系的方式方法。

第八节　小说与影像化（理论）

在诸多文学体裁中，小说的影像化程度最高。除却同样讲究叙事，关键还在于这两种媒介具备"无缝对接"的潜质与不断进行"交互沟通"的前景。而对跨媒介传播的研究通常集中在"后现代"语境中的"符号"解读视域中，难免会将一个实践性如此鲜明的命题纳入"纯理论"的反复研磨中，反倒遗失了不少现实应用价值。

任文刚的《马克思价值论视野中的符号本真探析》③ 一文认为，符号理论的发展终究是要回归本真的，否则因于"语言"范畴是无法解决人对存在意义的穷极探索问题的。一方面，作者对西方符号理论进行简要回顾与剖析，选择马克思实践观视角去探寻符号产生与发展的真正根源，从而剪除因徘徊于"符号"所产生的蘼芜，进一步阐明"符号的价值在于展现作为社会主体的人在社会实践

---

① 张佰娟．论微视频的个体表达及其文化意义［D］．东北师范大学硕士学位论文，2008.
② 王怿．解读网络拍照文化对高校学生社会关系的影响［D］．吉林大学硕士学位论文，2015.
③ 任文刚．马克思价值论视野中的符号本真探析［D］．山西大学硕士学位论文，2006.

活动中的生存状态"。另一方面，作者强调人类符号发展的历史是人类在精神领域认识不断加深的历史，是各方面研究展开的重要视角之一。

对"符号"本质的辨认有助于对文学作品影像化进行更加有效的讨论。

高姿英运用生态文艺学理论分析了影像化叙事产生的原因，认为在这股世纪之交出现的重要文学现象大致可分为"图文化叙事"与"仿像化叙事"，而文学所处的内外部环境合力引起本体生态变化，构成影像化叙事潮流的动因。伴随着潮流的起落，未来文学的走向也不够鲜明，作者以为文学要广泛融合其艺术品类的首要前提便是要坚持独特性①。

与高姿英的观点相近却侧重点不同，梁振华的《世纪之交中国文学影像化叙事的双向表征》② 一文重点讨论了文学影像化生存所呈现出的文本异化及其双重特征。他认为，一方面影像思维有助于促进传统文学变革；另一方面对影像逻辑与市场资本的趋附，导致了文体边界模糊与艺术个性消亡。作家在这股潮流中的妥协，表面上是对规律与规则的熟稔，实质上却代表了高雅文化在大众文化中的湮没与不彰。还认为，媒介融合是一种趋势，却并不代表不同媒介本质上可以随意弱化；根底上，影像与文学是两种截然不同的叙事方式，只有在捍守艺术独立性前提下进行互映互动，才能"实现各自的肌体更新和意义重构"。

在高姿英、梁振华的研究中，主要研究描述对象——"文学"实际上并未涵盖全部文体，而是主要集中在对小说的探讨上。相比之下，刘薇的《小说媒介与小说形态》③ 一文中的研究目标则明确得多，将"小说"按照媒介的承载形态进行了划分，并以此阐明了媒介在新时期小说文本营建中发挥的作用。认为口头小说、书写小说、印刷小说、摄影小说、广播小说、电视小说、网络小说、电子小说和手机小说等是按照媒介划分出的小说类型，是在累积、叠加过程中不断发

---

① 高姿英. 论世纪之交文学影像化叙事潮［D］. 武汉大学硕士学位论文，2004.
② 梁振华. 世纪之交中国文学影像化叙事的双向表征［J］. 山东社会科学，2006（8）：33-38.
③ 刘薇. 小说媒介与小说形态［D］. 山东大学硕士学位论文，2005.

生"新变"的，彼此间无法彻底割裂或取代。据此，作者大胆推测未来的"小说"将是"元小说"与"新媒介"结合的产物，能带给读者全方位的感官享受，可以凭借新媒介强大的生成能力"一键生成"。

对于小说与电影之间的关系，游育红在《消费文化背景下的小说与电影》中展开讨论。她认为二者之间是相伴相生的复调关系，只不过在影像化过程中，文学的商品属性渐趋形成，不似电影作为商品乃是"天然"。作者认为作家对市场定位的精准把握，体现出小说与电影的融合点一旦形成便具备最大化的传播能力，足以实现资本的增值。通篇从商业运作视角来看，表现出对二者联手的推崇与信心。不过，亦只能作为一家之言，对消费文化的评估太高①。

荣吉的《论图像文化语境中小说叙事的变化》② 一文对"视域"的选择与游育红大体一致，侧重点则由与其他媒介形式的关系转变为"小说叙事"的衍变。作者认为图像文化的消费性使小说的叙事空间转向最适宜消费的城市，叙事主题也更向能引导消费潮流的各类风尚靠拢。在叙事方法上，小说开始偏重图文叙事；在文学观念上，小说逐渐融入了图像观念，即空间性、去深度性、虚拟性。作者认为，一方面叙事的多元化丰富了文学的表现手法，另一方面文学向来固守的精神家园在缩小，是亟待回归的。

① 游育红 . 消费文化背景下的小说与电影［D］. 黑龙江大学硕士学位论文，2007.
② 荣吉 . 论图像文化语境中小说叙事的变化［D］. 扬州大学硕士学位论文，2009.

第十章　古典文学的宏观模型

中国古典文学作品、文学批评及评论等典籍卷帙浩繁，算上近人的研究成果，其数量储备足可以浩瀚来形容。不过，稍稍剪拂话语枝杈，爬梳理论主干，深究创发根底，古典文学自有一套运行机制与架构，文本秩序既壁立井然也可重组生发，变化无穷。这是我们研究其视听表现力、发掘文化资源潜力的基础，下面试以模型展示（见图 10-1），并予以分析讨论。

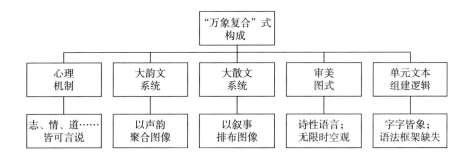

图 10-1　古典文学构成模型

首先，就创作心理机制而言，古典文学作品默认了一种万物皆可言说的基本原则。尽管在古代文艺批评中已明确将作为文学艺术内在本质的要素汲取出来，如"志""情""道""意""境""才"等，以其作为谈论品鉴的话语基础，但从创作方向来看，诸多要素本就一体浑融，共同拱卫作者在写作时最单一、纯粹的目标。即如传统的"文质"之争，在历史时期亦只是追随宏观社会环境、中观文化格局、微观创作主体的变改而此消彼长，无法剥离，更无法替代——创作者在写作时的心理仍然是：劳万物以明志，缘情而生文，随文以复意，达物我同一境界，尽出主体禀赋与后天学识。这种不刻意构成边界、壁垒的创作心理机制，使文学作品呈现出包罗宏富、万象纷呈的姿态，既蕴含着无限开发的潜力，又天然构成一种析出文化精髓、文化标签的难度，是需要后人对如斯厚重的文化遗产进行耐心梳理的。

其次，按照声韵排布，可将古典文学大致划分为大韵文系统与大散文系统。前者包括那些讲究韵律形式、以韵律格式（或者以韵律格式创作作为主体）书就的文体，如诗歌、赋、词、曲以及有韵的功能型文体（颂、赞、箴、铭、哀、诔等）。相对而言，那些不以押韵、排偶、骈俪等作为主要创作依据与标准的文体，便可划归"散文"。之所以在两者前加"大"，仍是以较为模糊、宏泛的边界作为笼统区分，毕竟两大系统交融噬嗑，文本轮廓实在无法硬性切分。

值得注意的是，两大体系的属性与基本构成特征却是比较明显的。大韵文系统中的作品，多以声韵聚合图像；大散文系统中的作品则多以叙事来排布图像。这里的"图像"，指代作者借助文字创造出的画面及其时空延伸。在韵文中，这种"图像"往往不彰，需要观者通过相当的知识储备、想象能力去弥缝。原因在于对格律的遵循，使语汇之间的逻辑关系变得更加自由松散，而韵文中氤氲的美感恰是这种"聚合式"表达产生的——所有孤生的元素在彼此磨合调度中焕发光彩，越是出人意表的组合，越容易产生新鲜新奇、深刻动人的艺术效果。在散文中，这种"图像"相对明显，没有格律严格禁锢，语汇本身融入语法意义的整体呈现之中，服务于作者的叙事（包括祈使、判断、描述、论证等）逻辑，给予观者更加具体、细致的画面。这也是后世文体发展中，戏曲、小说等更适宜展现图像、塑造形象的文体发展愈速、受众愈广的原因。

再次，就审美图式而言，中国古典文学倾向以诗性的语言展现态度、情感与思想，内里蕴含着无限时空观，两大系统皆然。如同中国传统社会结构保持着一种超稳定性一般，这种审美图式也表现出一种与之匹配的、相对的稳定性。其在认知与审美当中，将审美对象、品鉴方式系统化，给予艺术形象塑造、生产源源不断的动力。可以说，古典文学殿堂中海量储备的"形象"（尤其是经典形象），得以通过诗性的语言自由舒展地绵延，不容易被刚性语法逻辑与单一文本体式禁锢。

以《庄子·杂篇·盗跖》为例：作者的本意是"讲理"，讲是非标准在人心，本就没有客观可言，甚难辨析。只是在讲理过程中，通过三段精彩的"辩难"来破开理路，并无专意于塑造某个人物。即如孔丘、柳下季、盗跖三者亦不受年代距离阻隔，可于故事中展开论辩，表现出大不同于本身真实的虚构形象。盗跖被作者形容为"目如明星，发上指冠"，在作者塑造的孔子口中更是"生而长大，美好无双""知维天地，能辨诸物""勇悍果断，聚众率兵"这样"三德"齐备的人物。这就与先秦典籍、民间传说中率领盗匪千人的"大盗"形象产生巨大的差异，令人惊叹。至若"身长八尺二寸，面目有光，唇如激丹，齿如齐贝，音中黄钟"这样声韵流利、珠玑纷呈的描写，使一位混合了公子俊美、将军威武的超常态"大盗"跃然纸上。大盗本身如何已无法详考，借助《庄子》这样的经典，盗跖这一兼具横行盗匪与草莽英雄双重特质的形象得以成立，形成较为稳定的人物接受、形象翻创底本。这一段雄辩亦被汲取为相对独立的故事，所谓"孔子游说盗跖"是也，被后世学者评为"径似小说家闲话"（林云铭《庄子因》）、"只是小说派头"（刘凤苞《南华雪心编》），无心插柳般具备了小说的基本要素与特征。在文学审美中，盗跖形象的矛盾性、复杂性得以不断类型化、具象化，其审美激发能力在《水浒传》中被发挥得淋漓尽致。

最后，就单元文本组建逻辑而言，古典文学作品表现出两大基本特征："字字皆象"和"语法框架缺失"。在古汉语语法中，虚词是一整套相对封闭的体系，如《文心雕龙》所论，或为"发端之首唱"，或为"札句之旧体"，或为

"送末之常科"，位置明确，在文本组建中起着搭建承载、周转运行的功能。这就解放了容量占比甚大的实词，在单个汉字本就取象浓缩、意指丰富的基础上，给予词性转化、词意重组很大空间，足以通过意义的无限创发去绾合原本应该由严密语法框架去肩负的责任。因此，以现代汉语语法构成作比，由古文书就的文学作品中往往表现出"语法框架缺失"，由虚实语词在"词汇"这一语法单元层面推进文本意义。这就给后人理解作品内涵、阐释作者真意、分离此中图像、规整数据信息等带来了相当大的难度，亟待采取有效的分析方法。

第十一章　古典文学的单元文本模型

此处，以韵文模型形式（见图11-1），试予拆解单元文本组建中的信息与逻辑。

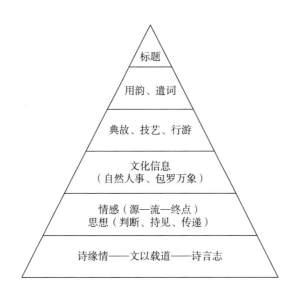

图11-1　韵文模型

当我们拿到一首诗或词时，按照正常的阅读顺序，将是从"标题"至最后的"批评"。如图11-1所示，便是从三角形顶端逐渐向下拓展。与之相反，创作的历程却是从底端开始，渐次向上推进。当然，比起观者阅读中的自我参与会形成无数个阐释文本，作者的写作目标却极为集中。宛如射箭，射手心中只有靶心，观者的注意力却随人而定，几乎不受控。这样一来，单元文本组建中原本复杂的问题从创作视角去看就变得层次清晰、秩序井然，此中聚合的图像也能便于析出、历历分明。

第一层次，中国古代文艺批评中三大极富代表性的命题，"诗言志""诗缘情""文以载道"，为创作者提供了基本的审美方向、坐标定位。在撰写具体作品时，作者可以迅速定下基调，将精确的写作目标与言情、言志、言大道融合，且对情、志、道的文学表现力度、层次有了拿捏的基础。三者产生的时间段不同，"诗言志"最早，《尚书·虞书·舜典》："诗言志，歌永言，声依永，律和声。八音克谐，无相夺伦，神人以和。"《毛诗序》："诗者，志之所之也，在心为志，发言为诗。情动于中而形于言。"只是这个"志"，内里是含"情"的，在文献中是发言为诗的对应，所谓"在心为志""情动于中"。志更侧重意志、抱负，情更侧重情感、情性。在这种侧重、倾向中，情志往往贯通，理性多一些则为"志"，感性多一些则为"情"。因此，汉以后文论复有"情志"共举，融通一词，南朝刘勰的《文心雕龙·附会》："夫才童学文，宜正体制：必以情志为神明，事义为骨髓，辞采为肌肤，宫商为声气。"有趣的是，我们今天在文化传播中，对"志"和"情"分得比较清楚，以图书出版为例，古诗选集中为了体现出"正能量"，往往多选择发志向、抱负更明显的作品。在影视作品中，诗的艺术属性则更多关注角色的情感交流方面，以使用言情类诗歌作为台词、剧名等的频次更高一些。

第二层次，作品中的情感与思想在上一层确认方向之后，顺着叙事走向、意象排布渐次展开。比如诗歌，无论何种类型的诗歌都是有"叙事"的，被称为"诗史"的杜甫的诗叙事更加明显，被形容为"苦无郑笺"的李商隐的诗同样如此。作者情动于中，发于言，必有外物催生或因外物而起，叙"事"之"事"作为写作的起点是客观存在的，会贯穿整个诗文。此事所催生、联络的情感，按照延展脉络大致可划分为"源—流—终点"，难度在于，古人将诗歌作为重要的社交工具，其情感生发之源相当复杂，乐府古题本身就自带"命题"；唱和诗亦多立"主题并有原玉；应制诗则不仅有题目，雅颂式情感都是确定的；吊古、怀古、感兴等，起兴之事物、人物都是源头……"至若"流"，便是诗的情感推进方式，缘于用韵的限制，这种流动预先被设置了比较齐整、稳定的渠道，大多属于"静态"式样推动，需要观者自己将每一段"疏导管道"进行衔接。所谓"终点"，是诗文文本形式上的结局，作者在煞尾处安放自身情绪。古典诗歌的点睛之笔往往就在煞尾，纸面情绪的终点常常是观者阅读理解的开端。传统文论强调的"知人论世"恰是激励读者当溯源而上去理解作者的情感，同时应当对作者形成作品的主观条件、话语环境有一定认知。

至于单篇诗作中的"思想"，古人常以"道"称之。对于载道之言的推重，起源远早于周敦颐在《通书·文辞》中明确提出"文以载道"这样的批评术语。对文道关系的探讨从战国时期荀子便开始了。即使是纯粹的情诗、能够保留下来的俚巷民歌，中心贯穿的都是"道"的绳矩与审视，本质上是诗人思想、社会思潮的聚焦光点。诗中思想的表达，可大致划分为判断、持见、传递三种类型：作者对他所吟咏的对象、主题、目标、情感等进行了判断；在原先观念或瞬时感动基础上，调遣知识储备与固有认知，发挥出"持见"，比判断的层次更深；如通过诗歌去强化判断、持见以及从周围世界、内心体验得来的深层次观念，便是"传递"。

这里就诗中"情感""思想"，举例以证。如李白在《洛阳陌》云："白玉谁家郎，回车渡天津。看花东陌上，惊动洛阳人。"风格清水芙蓉，并无冗余修饰，直观看起来情节极简。廖仲安在《唐诗一万首》中解评："写一美少年在洛阳路上观花所引起的轰动。"诗人情感的起点是少年的美貌，开篇直以"白玉"来形容那种面如冠玉、齿编贝、唇激朱的视觉效果。随即目光追随少年行游的路线与活动，最后落在洛阳人围观这一点上。这样的情感谈不上深刻，目光所及，情感所到，就是一种偶遇偶发、发自内心的欣赏。据考证，这首作品作于开元二十三年（735），李白游洛阳之时。他是否真的看到这样的美少年，并不会妨碍诗中真实情感的表露，毕竟《洛阳陌》本就是乐府旧题。注家萧士赟云："《乐府遗声》都邑三十四曲有《洛阳陌》。"其又名"洛阳道"，为横吹曲辞，前代萧纲、沈约、庾肩吾、徐陵等皆有作品，内容一致，写洛阳仕女游赏玩乐；李白亦只是沿用旧题。可以说，有感于美人、春景、都邑繁华的情感基调，审美品格早已奠定。

当然，看似如此轻松剪影的小诗中，也能剥离出"思想""大道"吗？在判断层面，诗文对这样惊艳的男性美表示认可；在持见层面，诗人对借美好之人写美好之景的传统方式，以及"洛阳繁华"这一客观事实本身有充分的认知；在传递层面，李白将曾经三拟《文选》的前期创作准备、眼前人、心中事等展开了全面关联，将乐府旧题中裹挟的信息以及自身所思所想传递了出去。如前文笔者所述，作者灵感迸发的瞬间，写作目标是单纯的——情感、思想传递属于自然附着跟进。时人、后人解读到的思想、大道，实则是作品进入"出版传播"环节后逐渐呈现出的，对诗中西晋潘岳"河阳一县花"典故的汲取、对李白一人长安（开元十八年）后失落心境的考虑、对唐代洛阳在开元年间情境的补充……将这些写在注、疏、笺证、串讲中，以文本加工、再加工的形式不断生产、传播，则此中"思想""大道"便在诗人、诗文经典化历程中得以最大化实现。

第三层次至第六层次，依次包括文化信息，典故、技艺、行游，用韵、遣词，标题等，范畴所及逐渐精确化，各自支撑一方。作品中的文化信息大体可分为自然、人事，可谓包罗万象。与后来的"白话诗"追求情感的外放、着力于在不受格律束缚的情况下经营新的意象与象征不同，古诗词需要相当广深的文化储备作为与格律绑定的基石。这种文化信息包罗万象，比惯常以为的"典故"范畴要大得多。原先以文学意义本身作为核心轴的解读，对于文化信息的利用、挖掘比较单一、单薄，错失大量文化数据。

如图 11-2 所示，我们以苏轼《江城子·乙卯正月二十日夜记梦》为例，将此中信息细予拆分。最直观的便是作为文化承载的文字。笔者以《平水韵部》为标准，注出了词中每一个字所归属的韵部。这里需要强调的是，汉字所肩负的意义与声韵是密切对应的，若一字多音，则每一重意义都有其对应的语音。而随着汉字字形本身的变改，同源字、异体字、古今字等按照不同标准划分的类型使汉字的分韵情况也变得复杂。而今人直接以现代汉语的语音、字形去解读古诗词，且强作解人时，莫说作品的理路、精髓，即如皮毛也是捋不顺的。如词中的"不"字，本字分属四个韵部，即平声尤韵（音浮）、上声有韵（音缶）、入声物韵（bù，bú）、去声月韵（bù，bú）。特殊之处在于，四韵对应四个意义，相通相近却又存在细微差异，而古人诗文用韵用意的高下往往就在这些纤细如缕的地方。苏轼言"不思量，自难忘"，这个"不"的侧重并不在惯常以为的"否定义"，而是偏重一种决绝的态度，强调"不必""不用""不需要"。那么，在四个韵部中，只有入声物韵可以作为副词，表示事理上或情理上不需要。有韵，强调

江城子

乙卯 正月二十日 夜记梦

十【14缉】年【1先】生【8庚】死【上四纸】两【22养】茫茫【7阳】，不【11尤、25有、5物、6月】思【平4支】量，自【去4寘】难【14寒】忘。千【1先】里【上4纸】孤【7虞】坟【12文】，无【7虞】处【上6语，去6御】话【去10卦】凄【8齐】凉。纵【平2冬、去2宋】使【上纸】相【7阳、23漾】逢【平2冬】应【去25径】不【5物】识【13职，去4寘】，尘【11真】满【上十四旱】面【去17霰】，鬓【去12震】如【6鱼】霜。

夜【去22祃】来【10灰】幽【11尤】梦【去送】忽【6月】还【15删】乡，小【上17筱】轩【13元】窗【13元】，正【去24敬】梳【6鱼】妆。相【7阳】顾【去7遇】无【7虞】言【13元】，惟【4支】有【上25有】泪【去4寘】千【1先】行。料【去18啸】得【13职】年年【1先】肠【7阳】断【去15翰】处【上6语，去6御】，明【8庚】月【6月】夜【去22祃】，短【上14旱】松【2冬】冈。

图 11-2　《江城子》

"可否"，意义重心在二选一，行或者不行；月韵，强调"不然也，不可也，未也"，侧重在否定一种状态。如果不进行细致分析，仅根据词谱于此处定一仄声，从四韵中任选，则实在是谬以千里，大误苏子之意。

一字一句一段一篇尚且如此，那么浩瀚如我国古代典籍又如何？笔者构建古典文学的宏观模型、单元文本模型就是希望为数据技术实训提供更有效可参的依据，为影像汲取信息提供更扎实可靠的资源储备库。现阶段的研究仅为初步探索，尺幅之内无法悉数展开，还需要后续不断充实。

第十二章 案例分析：中国古典文学影像化视域下扬州谢馥春广告文案与艺术形象打造[①]

自古以来，便有"天下香粉，莫如扬州"（《扬州方志》）的说法。扬州香粉悠久的历史性与显明的品牌性于此可窥一斑，而扬州香粉业的翘楚非"谢馥春"莫属。谢馥春起源于清朝道光十年，兴盛于晚清，是中国第一家化妆品企业，出产的香粉一度成为"宫粉"，引得时人争相购买。1915 年，谢馥春荣获"巴拿马万博会"大奖，成为当时国际著名的化妆品品牌，与此同时，成为国妆品牌中的第一品牌。此后悠长的发展历程中，其通过坚持优质草本原料配方、完善制作工艺、提高产品质量，赢得众多消费者的喜爱与信赖。如今的谢馥春继往开来，不断发展，店面分布广，产品远销世界各地，成为在国妆领域消费者认知度较高的传统品牌之一，品牌形象深入人心。

品牌方在广告文案方面用力甚深，从最原始的品牌名称与主旨，到店面对联、广告语，谢馥春的文案一直被视为艺术广告中的经典案例。文案不唯实现了展示、宣发产品功效与特征的目的，更是将品牌形象与美学理念注入观者心目当中，移情催发，令人印象深刻。

谢馥春独特的品牌格调也体现在标志图文、直营店装潢、产品包装等各个方

---

① 本章由新闻出版学院 2016 级编辑出版系韬奋实验班学生（现为中国传媒大学广告学院 2020 级硕士研究生，研究方向为品牌传播、广告效果、营销伦理等）与张佩共同撰写。

面。其大量使用传统文化元素，如仕女图、古典纹饰、宣纸、传统配色等，极大地调遣观者的感官与想象，使产品的视觉形象独特化、体系化、序列化，区别于市场上其他的国妆品牌①。

第一节　文案撰写

1. 品牌名称：谢馥春

品牌取名表面看似简单，实则不然。"谢馥春"三字虽不复杂，但在命名之初，却委实用心，反复琢磨。谢馥春品牌的创始人谢宏业，安徽歙县人。他在取店名时，妙用双关，达到谐音指意俱佳的效果。因"谢"字有凋零衰败之意（古人拆字，又常言之是"以寸身立言"），寓意不佳，容易使人产生负向关联。这就需要在情景转换上下功夫。谢氏遂在"谢"字后，复添"馥""春"二字。一则，"馥"有香气浓郁之意，诚如苏子《千秋岁》所言"秋露重，真珠落袖沾余馥"，予人襟袖生香，氤氲缭绕之感。二则，"馥"为女名喜用字，靓妆佳人与胭脂水粉天然偕同。三则，"馥"同"复"，前挽"谢"之衰飒，后迎"春"之复归，使四季轮转于天命，青春圆融于时空——虽生有代谢，然美则恒驻，不畏消歇。这三个字寄意遂深，令人动容，既体现了产品馨香华美的特征，读起来又清新雅致，韵味十足。这在当时，既符合店名随姓氏的潮流，又形成了品牌独特的审美底蕴与意象象征。

2. 品牌主旨：天香本草，国色粉黛

谢馥春产品以"天香本草　国色粉黛"为品牌主旨，目的是彰显这一中华

① 金卓雯，姚志明．中华老字号谢馥春品牌设计中传统视觉元素的运用［J］．现代营销，2016（12）：67.

美妆品牌的本土性、天然性与典雅性。谢馥春作为国产品牌，产品使用者也多为中国女性，以"国色天香"的古典美作为产品的卖点自然确当，而"天香本草"的概括更突出其产品采用优质纯天然原料制作。作为中华美妆之名品，这一品牌主旨很好地传达出了其品牌与产品的经典传承之处，也即无论是香件、鸭蛋粉，抑或是系列中的其他产品，都能贯彻"天香本草　国色粉黛"的产品主旨。

3. 店面对联：胭脂水粉移妆影，冰麝龙涎醉客心

刻在扬州市东关街的谢馥春传习所门店两侧的"胭脂水粉移妆影，冰麝龙涎醉客心"一联，让来店的客人对其品牌调性与产品特征留下了深刻的第一印象。此对联堪称绝妙，既有韵味，又合平仄，最重要的是能体现店铺产品的特色，在内容上一表产品种类，二表产品原料，三表产品效果，全面精练，不显冗杂。

胭脂妆粉所代表的不仅是女子轻扑于面的芬郁香粉，还是女子妆点完成之后面颊显出的浅浅一抹嫣红，更是深闺中女子含蓄藏住的那颗爱美之心；"冰麝"与"龙涎"两种用料本就都是挥发香气之物，用以突出谢馥春产品香气浓郁的特征。佳人本就对胭脂水粉情有独钟，而若再添几分"冰麝"与"龙涎"的香气漫溢，更是美得无懈可击，倾国倾城。

胭脂水粉里的香气吸引来了消费者，女子对于"香"的追求，并不仅仅是为了在闺房之中顾影自怜，她们在很大程度上是希望心仪的男子能够注意到自己，并在嗅到香气的同时感受到她们真挚的内心，而胭脂香粉就是这样一种能带来香气的化妆品。谢馥春将产品特性与消费者的情感诉求联系起来，增强了产品在消费者心中的深刻性。

4. 广告语：多一份体验，亲临化蝶的美丽

"化蝶"二字，缘起中国古典凄美的爱情传说——梁山伯与祝英台的故事。故事的结局感天动地，梁祝二人化成彩蝶，成双翩翩起舞，而后渐渐融入多彩、

自由的天空，所经之处，花儿漫天开放。

多一份亲临的体验，多一份化蝶的美丽。在此意象中，无论是蝴蝶还是花丛，都是美丽的象征；而谢馥春广告想表达的则正是这样一种观点：通过使用谢馥春的产品，你就能够于现实世界之中体验一次"化蝶的美丽"。广告在呈现商品目标效果的同时，还用体验感唤起消费者的尝试心理，通过故事背景营造与呈现消费者用后绝佳效果体验的方式，使观者快速进入使用情境之中，并将此种感受代入自身，促使随后的购买行为。

谢馥春从中国古典美学的角度，将古代传统故事与品牌文化相结合，把原本令人唏嘘的爱情故事的最后结局点染成一幅感人至深却不哀伤的图画，虽然使用了夸张手法，却也恰当与唯美，十分新颖独特。故事的角度与艺术性与谢馥春产品的调性也十分吻合，是为一则出色的广告文案。

5. 广告语：红袖添香，群钗争艳

中华老字号品牌谢馥春与《红楼梦》有着不解之缘。在《红楼梦》中，多次出现了香粉、香件等产品，为大观园增色不少。

如《红楼梦》第四十四回"喜出望外平儿理妆"中写道："宝玉告知：'这不是铅粉，这是紫茉莉花种，研碎了兑上香料制的。'平儿倒在掌上看时，果见轻、白、红、香四样俱美，拍在面上也容易匀净，且能润泽，不像别的粉那样涩滞。"

再如《红楼梦》第十九回写道："袭人向荷包内取出两个梅花香饼儿来，又将自己的手炉掀开焚上，放与宝玉怀内。"香饼俗称龙涎香饼，供赏玩、醒脑、安神、避秽之用，燃点后，玉香缥缈，令人有心旷神怡之感。

20世纪80年代，著名红学家冯其庸联合中国艺术研究院及红楼梦研究所，在谢馥春挂牌成立了"红楼梦化妆品研究室"。[①] 使谢馥春的品牌有了更好的品

---

① 余志群．东关名店［M］．南京：南京师范大学出版社，2012．

牌推广方式。

文案中"群钗争艳"指的是大观园中的人文环境，"红袖添香"犹指《红楼梦》与谢馥春产品。把"香"字特别突出，一方面突出的是谢馥春的产品——香粉、香件等，另一方面突出的是产品特性与使用效果——香。

第二节 艺术形象设计

改革开放以来，国内外的各种品牌大量在市场涌现，虽然为消费者带来了更多选择空间，但对于品牌来说，品牌特征与产品功效趋同化问题也愈加严重；消费者对产品全方面的要求越来越高，人们在购买时除了比较各品牌产品的质量与功效，更会关注于产品的形象设计与视觉美感。谢馥春针对这样的市场情况，十分注重产品形象设计。

从中国古典美学出发来看，谢馥春平面广告中的人物均是古典美女的优雅形象，她们皮肤白皙，明眼有神，细眉樱唇，轻纱帛衣，发饰优美，表情含蓄，动作优雅。

人物形象整体优雅，体态端庄。这些人物形象色彩艳丽，展现了谢馥春产品的鲜艳明媚。同时，人物的气质完全能够突出谢馥春产品的调性。大气、端庄却不过于雍贵高傲，淡雅、精致却不过于朴素平凡，这样的人物形象才能与谢馥春的产品相映衬。

衣着方面，广告中的人物大多身着绸料或纱料材质的服饰，颜色鲜艳却不妖娆俗姹，风格庄艳而不古板老气。容貌绝美，粉面桃花，配上一缕缕帛纱或浅色绸装，更显人物容貌俊秀淡雅，美丽动人。着装的选择与妆容是相互映衬的关系，妆容优雅能映衬穿着服饰的恰当，服饰淡雅能突出描画妆容的大气。

精致的五官在给人物带来无穷魅力的同时也能表现出人物面部的细微神态与

心理。对人物神态的刻画入微，不仅将人物的精神面貌表现得淋漓尽致，更使平面形象更加鲜活；仿佛广告中所描绘的女子形象能与观者进行心灵间的对话交流。而这也旨在表达化妆对人物的神韵也有突出的作用，于一肌一容间展示白皙，在一颦一笑间尽显优雅。

从人物形象的动作上来看，举止优雅的女性更能体现"美"的特点。或轻轻擦拭粉妆，或轻轻摇动手中团扇，优雅温柔之态尽收观者眼底，虽为平面广告，却也具备了生动之形。

谢馥春的产品调性即"中华老字号""纯天然植物精华""国妆品牌"，如果想要表现这些元素或者概念，运用古典美女的形象就再合适不过了。古典美女身上具备的很多元素与谢馥春品牌自身有着相互照应的关系。"中国传统古典美女"与"本土化妆品传承品牌"相对，而人物形象的端方娴雅，也突出了谢馥春作为"国妆品牌"的大气风范，而古典美女的"天生丽质"也与产品所采用的优质"纯天然"原料有所照应。

在艺术表现上，有了人物形象的立体渲染，产品属性表现得会更明显，产品形象特征表现得更为精准恰当。不用赘述，使用后形象的效果表现在面前，更能为消费者展现谢馥春产品的效果优良。

第三节　装饰艺术融入

作为艺术广告的典型代表，杭州谢馥春的平面广告不仅将产品效果向消费者进行呈现，还进一步将品牌的"质"外化，使广告人物形象的气质与品牌调性相统一，并具有高超的艺术表现力，这得益于广告中装饰艺术与人物妆容的完美融合。

只有加入一定的装饰进行点缀添彩，进一步补充人物形象，才能使妆容在让人不觉突兀的同时突显其精髓。换言之，如果说平面广告的人物妆容是在对产品使用效果进行最为直接的传达，那其中的人物装饰便是在与妆容进行相应相合，两者互补，方能将广告中的人物形象完整地勾勒而成，人物神质、气度、修养传达而至，从而将人物妆容在整体人物形神兼备的基础上烘显而出。

这样一来，给广告中的人物加以头部或耳部的装饰就对表现妆容尤为重要。古代女子非常重视发饰的装扮，样式材质繁多复杂。精致贵重的金玉、翡翠、玳瑁、琥珀、珠贝等材质所制的发簪、发钗、步摇、钿等，不仅作为清代女子一时的装饰之用，更是相伴其一生之物；而平易的竹、木、骨等材质则更多用于普通人家女子在平日进行装扮，既有实用之效，又作简约装饰。谢馥春商标上的女子形象发饰较为简单，仅用红绸系捆黑发成髻，以一根简约金簪相配，将女子形象婉约柔美、贤淑温婉的气质凸显而出，向购买者极好地传达了品牌内在的"质"；品牌的一则广告中，女子将大朵白色牡丹花状头饰戴于头上，同时佩以精致小巧的金底蓝花发钗，配以姣美的仪容与合宜的姿态，显得一身气质雍贵而不俗艳，温静又不失丽彩。

耳饰的使用使谢馥春品牌广告人物形象于平面呈现之中增添了几分鲜活生动，并配合妆容的表达，呈现出一种别样韵致。作为头部装饰的一部分，耳饰款型与式样多样，清代时期大抵分为环形耳钳、缀流苏环形耳钳、坠形耳钳几种，另还有珠排环、葫芦耳环、垂珠耳饰等由明代所沿袭而来的耳饰款型。商标上的女子形象佩戴的珠排型耳环质地细腻光润、颜色清约透浅却不致失彩无光、样式简洁大方却并无平庸廉价之感，轻盈的耳饰搭配使女子呈现出应有的大家闺秀之态。而在品牌另一则广告中，女子形象所佩戴金色连缀流苏环形耳钳显得典雅秀美又活泼灵气十足，仿佛随着女子的缓步移动，其所戴的缀苏耳饰也会跟着轻摇晃摆，在阳光下映射出明耀而细碎的金光。连缀流苏耳饰的使用不仅使广告人物形象更神采照人，还为广告的观者带来女子步步生姿、粉面含笑向前走来的生动之感。

参考文献

［1］余志群. 东关名店［M］. 南京：南京师范大学出版社，2012.

［2］金卓雯，姚志明. 中华老字号谢馥春品牌设计中传统视觉元素的运用［J］. 现代营销，2016（12）：67.

［3］张雅莉. 中华老字号品牌的传承与创新——以谢馥春为例［J］. 科技与创新，2015（19）：2.

［4］罗曼之. 老字号化妆品行业营销策略问题研究——以老字号品牌谢馥春为例［J］. 当代经济，2016（7）.

［5］杨树云. 唐风流韵［M］. 北京：东方出版社，2015.

［6］杨树云. 装点红楼梦［M］. 北京：东方出版社，2012.

第三篇　北京出版业高质量发展：评价指标体系构建与测度

第十三章　绪论

第一节　研究背景

　　党的十九大报告指出，我国经济已经由高速增长阶段转向高质量发展阶段。出版产业同时具备多重属性，即意识形态属性、文化属性以及产业属性，也面临转向高质量发展的必然趋势。党的十九大报告提出了"坚定文化自信，推动社会主义文化繁荣兴盛，建设社会主义文化强国"的宏伟目标。在此背景下，推动出版业实现高质量发展具有重大的战略意义，肩负着重要的历史使命。出版业能够为坚定文化自信提供坚实的基础，是实现"文化强国"的基本路径之一。北京出版业长期处于高速发展阶段，取得了长足的发展，然而在高质量发展背景下，仍然存在有高原无高峰、有效供给不足、无效供给过剩等问题，迫切需要转向高质量发展。构建科学、可行的出版业高质量发展评价指标体系是开展出版业高质量发展研究的关键科学问题，是经济社会中亟须解决的关键管理问题，具有十分重要的科学意义与应用前景。

第二节　研究意义

本课题界定出版业高质量发展的概念与内涵，建立出版业高质量发展的构成要素体系与分析框架，进一步构建出版业高质量发展评价指标体系，并应用该指标体系对北京出版业发展进行测度，分析北京出版业在转向高质量发展方面的特征、问题，能够为制定和调整实现高质量发展的战略以及突破障碍、弥补不足的对策提供借鉴与指导，有助于推进北京出版业高质量发展，生产更多优秀的出版产品，为满足人民日益增长的美好生活需要做出贡献。

第三节　研究内容

目前，文化产业、出版业的大部分评价研究关注竞争力评价，近年来学者开始关注对产业发展进行评价的指标体系构建与测评。"高质量发展"概念不同于"发展"概念，因此出版业高质量发展相对于出版业发展具有一定的特殊性，这决定了出版业高质量发展评价体系从内涵与指标设置方面与已有的出版业发展评价体系具有重要区别。至今，学术界尚未有对出版业高质量发展的评价指标体系构建研究。此外，出版业高质量发展评价指标体系的构建需以清晰界定出版业高质量发展概念为基础。因此，下面首先对出版业高质量发展概念进行界定，以此为基础建立评价体系框架。以产业经济学 SCP 范式、熊彼特创新理论、资源基础观为理论基础，通过对出版业高质量发展实践经验的分析，探讨建立出版业的高质量发展评价体系。其次应用该评价指标体系对北京市出版业的高质量发展现状和潜力进行测算与分析。结合上述分析结果以及课题进行的调研情况，对北京市出版业高质量发展的特征，以及发展过程中存在的问题进行分析。最后针对北京市出版业高质量发展的特征以及存在的问题，提出北京出版业实现高质量发展的实施策略与政策建议。

第四节　研究方法

一、文献研究

本课题检索并综述了大量国内外相关研究文献、国家相关文件，通过对已有文献的梳理、归纳、整理，完成了研究问题的提出、研究主题的确定、研究思路的形成，以及研究内容的设计、研究过程的实施。通过综述大量文献，对国内外高质量发展内涵、出版业发展的理论模型与评价模型等已有研究成果进行了梳理。通过文献综述，对出版产业发展的理论基础、评价指标体系以及影响出版产业发展的因素等进行归纳总结，为本研究后续构建出版业高质量发展评价指标体系提供必要的理论基础。

二、访谈法和问卷调查法

在研究过程中，通过到出版企业进行实地调研，与出版企业高管、员工以及学者、专家等进行访谈的方式收集相关研究资料。通过对出版企业的调研和与专业人士的访谈，收集关于北京出版业高质量发展现状与存在问题的相关信息。在选择与确定出版业高质量发展评价指标，以及对出版业高质量发展评价指标进行赋权的过程中，对出版业高管、专家、学者进行了访谈与调查，从而对评价指标选取的合理性、重要性进行分析与评判。我们采用问卷调查法请专家对指标重要性进行评价。

三、规范与实证结合

规范分析法可以帮助解决"是什么"的问题，在本书中，我们应用规范分析法来研究出版业高质量发展内涵与评价指标的确定，实证研究解决"怎么做"的问题。在出版业高质量发展评价指标体系的构建过程中，应用了层次分析法。利用层次分析法对出版业高质量发展评价体系中的指标建立层次结构模型、构造权重判断矩阵进行一致性检验，确定了各评价指标的相对权重。

第五节　研究贡献

出版业高质量发展是目前文化产业研究领域的基本问题，至今未有较为成熟、权威的出版业高质量发展评价的研究范式以及相匹配的高质量发展评价指标体系。本书在借鉴国内外已有发展理论以及相关评价分析框架的基础上，以经济学 SCP 范式、熊彼特创新理论、资源基础观为理论依据，基于出版业高质量发展内涵与特征，围绕"结果—原因"的逻辑脉络建立出版业高质量发展要素系统，构建出版业高质量发展评价指标体系，填补了出版业高质量发展评价研究的空白，深化了出版业发展评价的理论研究，为进一步对北京出版业高质量发展状况进行评价，以及提出促进北京出版业高质量发展的策略与建议提供理论基础。

第十四章　文献综述

第一节　高质量发展

习近平总书记在党的十九大报告中指出："我国经济已由高速增长阶段转向高质量发展阶段。"2018 年中央经济工作会议强调："推动高质量发展是当前和今后一个时期确定发展思路、制定经济政策、实施宏观调控的根本要求。"国际经济交流中心常务副理事长郑新立认为，"转向高质量发展"是我国经济已经从主要依靠增加物质资源消耗实现的粗放型高速增长，转变为主要依靠技术进步、改善管理和提高劳动者素质实现的集约型增长。高培勇认为，"高速"指数量或规模，"高质量"强调质量和效益。杨伟民（2018）认为，高质量发展是指能够很好地满足人民日益增长的美好生活需要，高质量发展遵循五大新发展理念的规律，即创新成为第一动力、协调成为内生特点、绿色成为普遍形态、开放成为必由之路、共享成为根本目的。

林兆木（2018）提出观点认为，高质量发展是商品和服务质量普遍持续提高、投入产出效率和经济效益不断提高的发展。李伟（2018）认为，高质量发展涉及以下多方面的高质量，即供给、需求、配置、投入产出、收入分配和经济循环。赵昌文（2018）认为，高质量发展包含促进共同富裕、防范化解风险等。任保平与李禹墨（2018）研究认为，高质量发展包括经济发展、改革开放、城乡建设、生态环境等的高质量。王军（2018）认为，要强调政策的连续性、稳定性与协同性；供给侧结构性改革要不断拓展和深化。冯俏彬（2018）认为，要加快实现要素的市场化配置、着力加大产权保护力度、深化社会保障制度改革等。蒲晓晔与 Fidrmuc（2018）提出了重塑需求动力、提升供给动力等发展策略。黄晗（2020）认为，出版企业要以出版优秀作品为导向、以高素质出版人才为支撑、以高效的运营机制为保障、以先进的出版技术为基础、以国际化品牌为核心竞争力的新发展理念，引领出版业的高质量发展。

第二节　出版业高质量发展

目前，学术界关于出版业高质量发展的内涵与实现对策的研究较少，政府与业界对高质量发展对策展开探讨。柳斌杰（2018）认为，高质量的出版业应具备国家评价体系、产品、服务、企业的高质量，产业质量提高，资源配置合理。魏玉山认为，高质量发展要有高质量的内容，控制品种数量，实施跨界和融合发展。许正明（2017）提出要健全出版精品的长效机制，牢固树立质量意识，始终把社会效益放在首位，推动出版单位由规模数量型向质量效益型转变；实施精品战略；健全出版规范，进一步落实相关管理制度；完善资质准入机制，提高准入门槛；强化对质检结果的运用。谭跃认为，应全力打造主流出版型、融合发展型、国际传播型的国际著名出版集团。林阳认为，应从选题到编辑到设计的各环节进行精细化管理，提高图书质量。于殿利认为，要以供给侧改革促进出版业市场化。韩敬群认为，要加强与作家的沟通，加强编辑力的建设。史领空认为，应提倡工匠精神，从选题、编辑加工、设计实现高质量发展。别必亮认为，要加强选题策划力度。潘凯雄认为，应控制图书品种数量、严格出版专业资质。

第三节 文化产业发展评价研究

由于出版业是文化产业的重要构成，出版产业归属于文化产业大类，文化产业的发展评价研究对出版产业相关研究有直接指导和可供借鉴作用。并且，当前学术界对文化产业发展的研究与出版产业发展相关研究相比较更加丰富与深入。因此，在对出版产业发展评价进行研究之初，非常有必要对文化产业发展的相关评价研究进行综述。国内外针对文化产业发展的评价开展了大量研究，提出一系列评价体系。联合国社会发展研究所发布了《针对文化和发展的全球性报告：建立文化数据和指数》，该报告较早提出观点认为对于文化产业发展状况和趋势的测量需要采用统计数据、指数方法来完成。贝克的《地区文化发展的衡量和指数》、佛罗里达的先驱性著作《创意阶层的崛起》及他后来与泰内格莉合著的《创意时代的欧洲》是具有代表性的研究。彭翊等从投入、产出、发展环境三方面构建了中国省市文化产业发展指数。胡惠林等提出了"两大指标""三大梯队""五种类型"的中国文化产业发展指数。另有香港创意指数、上海创意指数、浙江省文化发展指数（CDI）等。部分学者立足综合性视角，构建了文化产业评价指标体系。例如，申维辰、焦斌龙（2004），王琳（2005），薛晓光（2010），郭国锋、郑召锋、刘静（2008），张慧丽、王成军（2013），徐静珍（2010）等。还有大量基于产业竞争力的研究成果，如花建（2005），王岚、赵国杰（2009），赵彦云等（2006），王安琪（2009）等。

第四节　新闻出版业发展评价研究

产业发展指数研究。刘益等（2016a）以 SCP 范式、钻石模型等为理论依据，应用专家咨询法、层次分析法构建了新闻出版业发展评价指标体系，包含产业发展环境、发展条件、发展能力、发展绩效 4 个一级指标，12 个二级指标，32 个三级指标。刘益等（2016b）在构建了新闻出版业发展评价指标体系的基础上，进一步应用该评价体系对我国 31 个省市新闻出版业的发展进行了测量与评价，对现阶段我国新闻出版产业发展的特征进行了分析，并对我国新闻出版业整体的发展路径进行了研究。谢媛媛（2016）对国内外新闻出版产业发展的已有研究进行综述，进一步分析了新闻出版业内涵与特征，构建了新闻出版业发展指数评价体系。该体系包含规模指数与效益指数两类，细分为 4 个小类指数，共涉及 19 个测量指标。该研究进一步应用 PEST 等理论、单样本 T 检验分析了影响新闻出版业发展指数的因素，然后实证分析了我国新闻出版业发展指数与影响因素之间的关系。随后应用该指标体系对 2005～2014 年我国新闻出版业发展指数进行了测量与评估。周玉波和田常清（2021）构建了高校出版社发展评价指标体系，共包含 6 项指标，随后采用灰色关联分析法构建评价模型。应用该体系对 108 家我国高校出版社的 2014 年指标数据进行发展水平的测评。研究结果认为，高校出版社整体发展水平有待提高，并且整体上表现出一定的不均衡程度。在此基础上，进一步提出了我国高校出版社推进高质量发展的相关路径与策略，主要从规模、产品、效率三个视角提出：一是配置资源与投入要素的优化；二是产品结构以及市场策略的优化；三是新技术与平台的融合发展。

已有新闻出版产业的大部分评价研究主要是关注竞争力评价。主要以波特五力模型、钻石模型等理论为基础，针对出版业的竞争力构建了相关评价体系。孙寿山（2004a）依据迈克尔·波特钻石理论并结合出版产业价值体系以及代表性出版企业的价值链来具体分析出版业竞争优势的来源。该研究认为生产要素、需求条件、相关与支持产业、产业内的企业、政府政策、机会是形成出版产业国际竞争力的主要因素。生产要素分为初级生产要素和高级生产要素。关于相关产业与支持性产业，出版业的竞争优势在很大程度上依赖于其上游产业和相关产业的竞争力，包括上游的作者、排版和印刷设备供应商；相关产业主要指与出版过程和出版载体有关的产业，如传媒业、信息产业（包括软件业和网络业）、造纸业以及商品批发零售业、商业服务业。该研究进一步设计了国际竞争力的评价指标体系，分为现实竞争力指标和潜在竞争力指标。现实竞争力指标主要反映出版业的竞争力现状，包括盈利能力指标、市场占有率指标、技术含量状况指标。潜在竞争力指标包括生产要素竞争力指标、需求因素竞争力、相关产业竞争力。生产要素竞争力指标包括原材料竞争力指标、劳动力竞争力指标、融资情况指标。需求因素竞争力包括需求状况、营销状况、财务管理竞争力。另外，孙寿山（2004b）对中国出版业的现实竞争力的研究主要从出版产业的盈利能力、市场占有状况、出版业的技术状况三个方面进行了分析。盈利能力主要包括销售收入、利润、盈利能力方面的指标；市场占有情况主要涉及国内市场占有情况、世界市场占有情况、贸易专业化、市场结构、图书品种及其数量指标；中国出版业的技术状况主要从科研教育的情况、版权贸易、新技术使用几方面进行了测度与分析。

赵立涛和徐建中（2006）基于迈克尔·波特的五力模型，从新进入者的威胁、替代产品或服务的威胁、买方的议价能力、供应商的议价能力以及现有企业之间的竞争五个方面出发构建了我国出版业国际竞争力评价体系。新进入者的威胁包括规模经济水平、产品的差异化水平、技术和原材料壁垒、政府的产业政策；买方的议价能力包括团体购买者的议价能力、个体购买者的议价能力；供应商的议价能力包括原材料供应方的议价能力、作者的议价能力；替代产品的威胁包括出版者对由于新技术飞速发展带来变革情况下的应对能力、新传媒对出版产业形成的直接威胁；现有企业间的竞争内容主要涉及竞争者采取手段的多样性、竞争者的多样性。进一步，该研究应用格栅获取和模糊 Borda 数来确定权重。实证分析的结果表明，我国出版业面临的外来威胁较为严峻；出版业的供给方、买方的议价能力都较强，团体客户的议价能力尤其很强；我国出版业面临着较强的来自替代品造成的威胁；新技术的发展给传统出版的发展带来了实实在在的威胁；另外，数据结果分析表明，我国出版业的竞争较为激烈。

廖建军（2007）对集中分析评价竞争的模式进行了比较分析，包括 SWOT 模型、波特的钻石模型、因果关系模型、结构关系模型、核心竞争力成长模型。孙宇与王关义（2007）运用波特的集群"钻石"模型对中国出版业的国际竞争力进行评价分析。黄先蓉和田常清（2013）构建了由产业表现力、实力、环境 3 个体系，8 个要素，28 个指标构成的出版业国际竞争力与影响力评价指标体系。结果要素是产业表现力，结果性指标包括盈利状况和市场占有状况；直接原因指标是产业实力，包括生产要素、企业要素、相关产业状况指标；间接原因是产业环境，包括需求状况、政府行为与产业政策、文化软实力状况指标。田常清在其博士学位论文中采用该体系对中国与其他 11 个国家比较评估。实证结果显示，近年来我国出版产业国际竞争力明显增强，体现出良好的发展前景与提升机会；然而与美国、英国等出版强国相比，我国总体仍处于"较弱"梯度，竞争劣势明显，提高我国出版产业国际竞争力任重道远。

蓝庆新、郑学党与韩晶（2012）建立了文化产业的国际竞争力评价指标体系，主要从生产、需求、政府行为、企业发展、贸易行为、产业关联方面着手。然后依据相关横截面数据，以 2011 年世界经济排名前 20 的国家为对象，对中国文化产业国际竞争力水平进行了年度评价。结果表明：中国作为世界文化大国的地位并没有变化，但离文化强国的地位尚有很大差距，文化产业虽增长较快，但综合国际竞争力较弱，在 20 个参与测量评估的国家当中，列于中下段名次，距离世界第二经济体的位置还存在一段差距。研究认为，文化产业存在文化企业的价值网络尚不成熟、居民的文化消费层次不高、文化产业的要素配置合理程度有待提高等系列问题。因此，需要从促进产业整合、完善产业网络、提高科技含量、优化政策与法律环境、加强人才培养，推进产业开放，统筹规划产业布局等方面采取系列策略。

杨庆国（2010）对出版强国软实力进行了界定，即在一定出版基础之上积累而成的几种力量之和，包括影响力、吸引力、竞争力以及可持续发展能力。通过三个层次来体现该内涵：一是资源层面，构成软实力的基础；二是表现层面，是具体展现途径；三是战略实现层面，是终极目标。该研究构建了由 8 个维度构成，共三层 54 个指标的出版强国软实力指标体系。出版强国软实力的 8 个维度包括出版基础、出版行业规模、出版创新、出版效益、出版吸引力、出版影响力、出版竞争力、可持续发展力，进一步应用因子分析法对指标进行赋权。张宗芳（2011）构建了新闻出版强国评估指标体系，分为成果性指标和成因性指标。成果性指标主要由三个指标构成，即规模、结构、国际影响力。成因性指标主要由五个指标构成，即人力资本、生产发行、公共服务、发展、国民阅读。

此外，企业层面评价研究主要关于企业竞争力、创新能力评价，如耿乃凡（2007）、彭兆平和熊正德（2009）、安欣（2011）、付海燕和陈丹（2014）、乔联宝和严佳乐（2015）等。耿乃凡（2007）研究了出版集团竞争力的特征，进一步界定了出版集团竞争力的内涵。随后，该研究将竞争力的各维度内容以及相互作用过程进行了分析，构建了出版集团竞争力评价指标体系，并对该评价体系的应用价值及特点做了进一步研究。研究结果显示，出版集团竞争力共由五个方面构成，即战略过程、组织过程、技术过程、市场化过程、界面过程。彭兆平和熊正德（2009）首先对出版集团竞争力的内涵进行了分析与界定，以此为基础，进一步从财务能力、资源、发展能力、运营能力四个维度构建了出版集团竞争力评价指标体系。其次，采用模糊层次分析法对指标的权重进行了赋权。安欣

（2011）在其博士学位论文中对出版企业核心竞争力的定义、内涵、构成要素研究进行了综述，在此基础上对出版企业的核心竞争力进行了界定。该定义认为出版企业竞争力出发点来自能够满足客户对知识的需求，认为该竞争力的构成包括各种战略能力与资源。再次，该研究采用层次分析法对指标权重进行赋值，并用模糊综合评判法对竞争力评价模型进行了构建。然后，应用 15 家出版企业的数据进行了实证分析。最后，该研究分析了我国出版企业面临的一些问题，并选取了国外几家典型出版企业进行了分析。进一步对我国出版企业如何提升竞争力提出相关策略，提升战略引领能力、文化创新能力、价值整合能力和品牌影响能力。

第五节　出版业高质量发展策略

黄晗（2020）认为，中国出版业实现高质量发展可以从以下几个方面着手：优化选题结构，打造精品力作；创新体制机制，提升运营效率；加大研发投入，创新出版业态；拓宽国际市场，建设文化强国。何军民（2018）深入调查研究了出版行业的内容生产、印刷复制和产品营销等主要环节的大数据实践并理性评估了其实际成效，从统一数据交换标准和建设全行业基础数据服务平台等方面为出版人履行把握导向、服务大局、推动高质量发展的崇高使命寻找突破方向。萧宿荣（2018）从图书出版管理实际工作的角度，以南方传媒为例，探讨新形势下国有出版企业如何提高政治站位，强化使命担当，抓好统筹管理，提升出版能力，打造精品力作，建设优秀队伍，全面推动出版高质量发展。压实责任，完善制度，不断强化导向管理；突出主题，聚焦主线；扎实做好主题出版；优化结构，狠抓质量，专业打造精品力作；创新机制，加强培养，建设骨干人才队伍。

贾淑艳和姜珊（2020）就如何提升图书质量、实现高质量发展进行了分析，认为应抓好编辑工作的"四个意识"，从匠心入手实现高质量发展，具体包括：强化质量意识，注重图书的社会效益；培养责任意识，慢工出细活；强化学习意识，提高编辑素质；提升市场意识，紧跟市场潮流。同时，认为出版企业能够转向高质量发展轨道的重要保障基础是切实以创新理念与实践着手从战略思维、技术、内容与企业营销模式方面开展企业经营。刘濛和隅人（2020）针对推进后疫情时代出版的高质量发展进行了探讨，认为应该对出版进行重新认识，针对各种新问题、新情况进行分析，让出版业更好地肩负与完成科技、文化等多方面重要任务。

第六节　大数据与智能时代出版业发展策略

李小燕等（2015）对我国数据出版的前景进行了分析，认为我国应从政策上将数据出版纳入科学评价体系，制定规范数据出版和引用的国家标准；数据中心必须逐步转型并联合，做好数据版权保护和数据有效保存与重复利用；期刊编辑部应发挥联系各利益主体的纽带作用，做好宣传与引导，促进高质量数据的发表。廖燕和魏秀菊（2016）对学术期刊移动出版的可行性和功能进行了分析，认为移动出版以其获取信息便捷、传播信息快速的优势，在学术期刊转向数字化发展的过程当中，发挥着重要的作用：一是能够作为推进大众化宣传与实现学术内容导读的传播平台与渠道；二是在学术出版与科普之间架起沟通、协同发展的桥梁；三是能够实现快捷的检索与查询功能。孙云玲（2013）分析了大数据时代数字出版产业的发展趋势：第一，基于大数据技术的精准营销日益受到重视；第二，个性化内容定制平台重要性凸显；第三，数字内容产品消费者付费意愿将不断提升；第四，观念更新和人才储备决定数字出版产业未来；第五，数字出版业务流程和企业组织结构将发生变革。徐丽芳和陈铭（2019）从出版流程、产品和服务形态、商业模式多方面剖析 VR 出版的实现机制，探究 VR 出版在新的社会运作空间和价值空间中的内涵和形态。张莉婧和张新新（2020）认为，出版共同体应全面、深入地研究人工智能的要素体系、细分领域和技术原理，积极探索和找寻新技术在出版业的应用场景。

王亚楠（2020）认为，在 5G 技术普及应用的影响下，出版产业链各个环节的商业模式将会面临巨大变革。一方面，物联网环境下的万物互联与万物上云技术，为出版产业提供了细致的用户数据信息，为人工智能生产内容与按用户需求分发内容提供了技术支撑；另一方面，虚拟现实技术与出版产业的结合，从供给侧驱动出版产品的消费升级，进一步提升了出版产业商业模式中受众体验价值的重要性。鉴于此，提供内容供给与消费的智能化匹配平台、聚焦内容产品体验价值的创造、构建受众社群网络等将成为 5G 环境下出版产业商业模式革新的重要方向。张新新（2020）认为，数字出版销售的人力资源为了更好地实现产品的运营，需要具备多种业务能力，包括品牌的构建与经营能力、营销的策划与运营能力、对产品的认知能力、对市场经营的公关能力以及对竞品的科学分析能力。转化型渠道、原创型渠道和代理型渠道共同构成了数字出版渠道建构的三条路径。刘华和黄金池（2016）认为，大数据驱动出版业生态系统发展的路径主要包括优化产业结构、激活生态要素，我国的因应政策应包括大数据集成、开放、扶持、利用措施。

方卿和张新新（2020）对出版业高质量发展的内涵进行了研究，认为出版业要坚持正确的出版导向。该研究认为出版业要实现高质量发展，其目标应该是提高出版产品的质量，并从宏观层面和微观层面对高质量发展的品质涉及内涵进行了分析。该研究从人才、技术、数据论证了出版业实现高质量发展的几个关键要素。该研究也提出出版业要实现高质量发展应该注重为读者提供满足其需求的优质服务。张凡（2020）认为，在推动向知识服务转型的过程中，科技出版企业需要从几方面着手来实现创新，进一步推进其转型完成。其一是通过文化与技术的深度融合来推动技术与产品的创新发展。其二是需要开展管理创新，通过管理创新推动科技出版企业的转型。管理创新的布局需要站在顶层设计视角，通过对企业的生产经营、机制体制开展创新，具体落实在对企业的商业模式、业务流程、企业文化等方面进行重构或重塑。张新新（2019）认为，内容分发网络、移动云计算技术、情境感知技术将在多场景发挥作用。5G 技术的应用和推广，对新闻传播领域的作品生产能力、传播能力和监管能力都提出了新的要求；5G 技术的普及和泛在，将有助于数字视听产品、AR 出版、VR 出版、新闻出版大数据、知识服务、电视数字图书馆等新兴出版的创新与发展。当然，出版业要充分应用5G 技术更好地发展新闻出版业，需要在一系列方面着手改变，涉及政策的调整和管控、相适应人才的培养、相关标准的研究制定、对内容进行监督与管理。

张海生、吴朝平（2019）认为，未来人工智能与出版融合发展需要在技术、数据、算法和人才四个层面协同推进，即要加强人工智能与出版融合发展的技术研究，加快人工智能与出版融合发展的数据内容生产，创新人工智能与出版融合发展的有效供给方式，构建支持人工智能与出版融合发展的人才培养体系。曹小杰（2019）认为，在 5G 技术时代，出版业应该理解移动通信时代的内容出版业；应该回到用户，即个性化消费、生产与智能定制；应该实施流程再造。刘枫（2019）认为，在 5G 时代，出版业应该把握技术趋势，关注知识与人、与物的智能匹配问题；盘活自身存量，做好知识碎片化与体系化加工；创新传播形态，引领使用者的知识想象；构建传播平台，提供知识应用场景。

研究述评：当前，文化产业、出版业的大部分评价研究关注竞争力评价，近年来学者开始关注对文化产业、出版产业发展评价和测评进行研究。有大量研究构建了相关评价指标体系，并收集相关数据进行测量与评价。但是，"高质量发展"概念不同于"发展"概念，因此出版业高质量发展相对于出版业发展具有一定的特殊性，这决定出版业高质量发展评价体系从内涵与指标设置方面与已有的评价体系有一定差异。然而，至今出版业高质量发展的评价体系构建与测评研究鲜有开展。但是，构建出版业高质量发展评价体系对出版业在转向高质量发展过程中进行评价，是迫切需要解决的问题。因而，为了进一步构建出版业高质量发展评价体系，对出版业高质量发展进行评价，需要首先对出版业高质量发展的概念进行界定，并以此为基础，进一步构建出版业高质量发展评价指标体系。

第十五章 出版业高质量发展内涵

第一节 出版业高质量发展概念

质量一词通常被人们用来对事物、产品或者工作等的优异恶劣程度进行评判（程文广、赵捷，2012；任保平、魏婕、郭晗，2017）。质量的内涵不断发展，从关注产品的有用性，到强调能够满足顾客与社会需求的程度（杨幽红，2013）。从质量内涵的发展历程可以看出，社会价值判断越来越成为质量概念的关键要素。基于质量的含义，发展质量是指主体发展的"优势程度"。从静态角度分析，"优势程度"通常包含三种具体的理论观点，即竞争力观、绩效观、效率观（黄速建、肖红军、王欣，2018），同时，利益相关者理论强调了对社会价值创造的重视程度。综上所述，静态视角的质量关注经济效益最大化以及社会价值创造。而动态质量视角的观点认为，发展质量不能仅停留在对主体创造的经济价值与社会价值的静态的、表征性水平的分析，而应强调持续创造经济价值与社会价值的动态能力与素质等决定主体发展的本质性因素。

因此，综合静态与动态视角，将发展质量概括为产业或企业在一定时期内经营与发展过程中所取得的经济与社会价值的水平与效率高低程度的体现，同时，对决定其持续成长与价值创造所需素质与能力的培育与获取。结合出版产业的发展实践，我们将出版业高质量发展概念界定为，出版业为了创造高效率、高水平的经济价值与社会价值，为了实现可持续成长、持续创造经济与社会价值获取与培育所需素质与能力的发展范式。

第二节　出版业高质量发展内涵

新闻出版业高质量发展围绕一个中心目标，即以"满足人民美好生活需要"为最终目标，生产更多思想精深、艺术精湛的产品，为满足人民日益增长的美好生活需要做出贡献。出版业高质量发展应以出版高质量产品为目标，以"创新、协调、绿色、开放、共享"五大发展理念为指引，以高效经营机制为保障，以高素质人才为支撑。首先，高质量发展要求出版业生产出具有高品质的产品，主要涉及内容、装帧、编校等方面。出版产品内容的高品质是基础，主要是要求出版内容具有较高的品位。品位是指出版物内容所蕴含的科学知识、科学真理、优秀思想的量的多少，进一步具体说是内容中对人类有价值的文字、图形、语言、数据的量。高品位的出版产品要求出版产品中有价值的知识、真理、思想等数量较多。同时，在产品的装帧、编校等环节提高产品的精美程度与质量。其次，出版业高质量发展强调出版企业实现高质量的发展，即深化体制改革，完善现代企业管理制度，加快自身转型升级，形成核心竞争力，实现可持续发展。最后，出版业高质量发展要求出版产业的发展具有较高的质量，最终目标是努力提升社会效益与经济效益的水平，提高出版业资源的配置水平与利用水平，提升产业结构的合理性，提升产品发展的能力。

第十六章　出版业高质量发展
评价指标体系构建

第一节　构建评价体系应遵循的原则

为了能够提高高质量发展评价指标体系的科学性、系统性、完整性，需要在构建评价指标体系的过程中遵循相关的原则。

一、导向性

本书在测评体系构建过程中，测量评价框架体系的设计应该符合出版业高质量发展的内涵要求，充分体现出版业高质量发展的方向，并且评价指标的选择也尽量反映高质量发展的内容。

二、科学性

评价指标体系的建立必须保证较高的科学性，体现在评价框架的设置、指标的选择、指标权重的赋予都需要采用相关的方法完成。通过对专家、学者、出版企业高管等进行访谈与调查，通过定性和定量方面相结合的方法完成指标评价体系的构建。

三、系统性

在构建评价体系过程中，以出版业高质量发展概念与内涵为基础，进一步建立评价框架，该框架包括出版管理、出版产品、出版企业、出版产业四个方面，体现出一定的系统性。并且在指标的选择与设置过程中，应尽量保证下级指标能够系统性地体现上级指标的内容。

四、可行性

在设计指标的过程中，要充分考虑到指标选取的可获取性，并且保证指标来源的权威性。同时，要保证所选取的指标是可测量的。

第二节　出版业高质量发展评价体系框架构建

基于出版业高质量发展内涵，我们对出版业高质量发展的评价，涵盖两方面内容：一是对表征性结果的评价；二是对产生结果的深层次因素即发展能力、素质等因素的评价。出版业高质量包含出版产品、出版企业、出版产业等方面的高质量（柳斌杰，2018）。首先，企业是实现高质量发展的细胞，出版产业的高质量发展依赖于出版企业的实现程度。出版企业高质量发展能够带动出版产业持续成长与价值创造所需素质与能力的培育与塑造，推动出版产业创造更高水平、更高效率的经济与社会价值，促进出版业实现可持续发展。其次，产品是实现高质量发展的基本载体，产品高质量发展是出版企业、出版产业实现高质量发展的基础。由于出版业的内容性特征，以及其承担传承文化、传播文明的重大使命，出版业更需要强调产品高质量。最后，政府是产业发展的辅助者与监管者，为出版业发展提供高质量、高效率的管理、调控等工作，能够为出版业转向高质量发展范式提供保障。基于上述分析，我们认为出版业高质量发展评价体系应包含对出版产品、出版企业、出版产业、出版管理四个主体发展质量的评价。我们将出版业高质量发展体系解构为出版管理的高质量发展、出版产品的高质量发展、出版企业的高质量发展、出版产业的高质量发展。因此，本课题构建的出版业高质量发展评价指标体系由四个一级指标体系构成，即出版管理、出版产品、出版企业、出版产业。产业的SCP范式分析框架由结构—行为—绩效构成。基于此，我们在一级指标"出版产业"中设置了产业结构的评价、产业绩效的评价。对于企业行为因素，我们通过一级指标"出版企业"进行体现和评价。

第三节　出版业高质量发展评价指标体系内容的构建

一级指标"出版管理"，主要是对政府在出版业宏观管理质量方面的评价。从政府对于版权保护的程度、出版产业的法制完善水平、政府对出版业的财政扶持几方面进行评价，分别对应设置了3个二级指标："版权保护程度""出版法制完善程度""政府投入与补贴"。

一级指标"出版产品"，主要是对出版产品的现状与发展潜力进行评价，包括对产品质量、产品的创新能力、产品结构、产品经营效率与经营能力的评价。具有高品质、高效益的出版产品是出版业高质量发展的基石。本书设置了二级指标"产品质量"。产品内容的高质量是出版产品高质量的基础构成，出版产品的新技术含量与呈现质量是产品高质量的载体构成。因此，本书的产品质量包含两个三级指标："内容质量""载体质量"。内容质量主要评估出版产品内容的价值取向的正确性、健康性，内容的正确性、科学性、品位的高低。载体质量主要是对产品的物质载体的质量、数字技术应用状况进行评价。此外，本书对产品的结构质量进行评价，设置了二级指标"产品结构"。为了衡量出版产品的创新能力，本书设置二级指标"产品创新"。对产品创新，我们具体从内容与经营模式两方面评价，设置两个三级指标："内容原创性""产品经营模式创新"。我们用产品的经营效率与经营能力来评价出版产品经营的经济效率与满足市场需求的能力。本书设置了3个二级指标："单品规模效益""市场需求程度""内容资源利用能力"。

一级指标"出版企业"，主要是对出版企业实现高质量发展的关键行为以及支持其实现高质量发展的核心能力与素质的评价。基于熊彼特的创新理论，创新是发展的本质规定，是经济发展的根本驱动动因（熊彼特，2017）。创新是企业实现卓越成长与可持续发展的关键能力，是保障企业创造更高水平、高效率经济与社会价值的核心能力之一。创新能力应是评价出版企业高质量发展的重要因素。因此，本书设置了二级指标"创新能力"。卢卡斯（1988）在内生增长理论中考虑了人力资本因素，认为人力资本是企业与社会经济获取持续增长的重要资本。本书对企业拥有的人力资本质量进行评价，设置了二级指标"人力资本素质"。企业管理能力是制约企业成长的主要力量（彭罗斯，2007），是确保企业经营活动顺利进行的重要因素，是提升产品与服务质量、提高企业创造经济与社会价值的关键，是企业实现可持续发展与卓越价值的重要保障。企业管理水平的高低在一定程度上决定了企业将优质的核心资源转化为高效率、高绩效运营结果的能力。由此，我们设置二级指标"经营管理能力"。随着人工智能、大数据等技术的发展以及知识经济时代的到来，传统出版企业必然面临与新兴出版融合发展的态势（费德勒，1997），融合发展是出版产业未来的发展方向，融合发展能力是出版企业实现转型发展的关键（柳斌杰，2011）。由此，我们将出版企业的融合发展能力纳入评价体系，设置了二级指标"融合发展能力"。我国出版业亟须扩大在世界范围的影响力，亟待从出版大国转向出版强国，出版企业迫切需要提高国际化经营能力。国际化经营能力是拉动我国出版业从高速增长转向高质量发展的重要牵引力。因此，我们将出版企业的国际化经营能力作为衡量出版企业高质量发展能力的要素之一，由"国际化能力"进行评价。此外，高质量发展要求实现高效率的生产，同时降低库存压力，为此我们设置了二级指标"生产周转能力"。品牌化战略是现代企业形成竞争优势的核心战略之一，尤其是转企改制以后，中国出版企业越来越深刻地认识到了品牌化经营对于企业经营的重要性，并且很多出版企业通过成功地应用品牌战略，取得了优异的经济绩效。因此，本课题设置了二级指标"品牌化经营能力"。

一级指标"出版产业"，主要是对出版产业发展质量的评价，从产业结构和经营绩效进行评价。对于出版产业结构的评价，本书设置了4个二级指标："产业集中度""产业集群化""市场集中度""市场化程度"。对于产业绩效的评价，我们从经济绩效和社会绩效两方面进行评测，设置两个二级指标："经济绩效""社会绩效"。此外，我们设置了二级指标"劳动生产率"，用以评估出版产业对资源利用的效率。

第四节　出版业高质量发展评价指标赋权

通过前面分析结果，我们探讨提出出版业高质量发展的评价体系，该体系有4个一级评价指标，23个二级评价指标，29个三级评价指标。评价指标体系中，由于各指标对于目标层的影响和价值性不同，因此需要科学地对指标权重进行赋权。本课题根据研究内容的需要，首先采用专家咨询法为各指标重要性进行评估，其次应用层次分析法为各指标赋权。

一、设定判断矩阵

关于指标体系赋权，我们采用问卷调查法请专家对指标的重要性进行评价。通过到生活·读书·新知三联书店、社会科学文献出版社、北京科学技术出版社等发放调查问卷、线上发放问卷、发放给参加出版培训课程学员的途径，共发放问卷63份，回收问卷60份，删除有空缺数据以及有错误的样本，共取得51份有效问卷样本。我们进一步对一级指标对出版业高质量发展的重要性排序、各二级指标在对应一级指标中的重要性排序建议进行整理与分析。对指标重要性进行赋值，一级指标包含4个指标，分别将重要性程度中的顺序1赋值4分，顺序2赋值3分，顺序3赋值2分，顺序4赋值1分。一级指标"出版管理"含有3个二级指标，给认为最重要的指标赋值3分，排序第2的指标赋值2分，排序第3的指标赋值1分。一级指标"出版产品"含有6个二级指标，将认为最重要的指标赋值6分，按照指标重要性降低赋值逐渐减小，将重要性程度最低的赋值1分。一级指标"出版企业""出版产业"均由7个二级指标构成，把认为最重要的指标赋值7分，随着重要性降低赋值依次减小。然后，我们计算各一级指标的平均值，用该值体现各一级指标在整体评价体系中的影响程度，通过将每个一级评价指标与其他一级指标分值两两形成对比，从而构建总体判断矩阵A。同样对各二级指标计算平均分值，用以体现各指标对所在一级指标的体现程度，将所属同一级指标的二级指标的分值两两比较，建立所在一级指标的判断矩阵，从而构成出版管理的判断矩阵 B_1、出版产品判断矩阵 B_2、出版企业判断矩阵 B_3、出版产业判断矩阵 B_4，各矩阵如下所示：

$$A = \begin{bmatrix} 1.00 & 0.80 & 1.24 & 1.39 \\ 1.25 & 1.00 & 1.55 & 1.73 \\ 0.80 & 0.64 & 1.00 & 1.11 \\ 0.72 & 0.58 & 0.90 & 1.00 \end{bmatrix}$$

$$B_1 = \begin{bmatrix} 1.00 & 1.36 & 1.50 \\ 0.74 & 1.00 & 1.11 \\ 0.67 & 0.91 & 1.00 \end{bmatrix}$$

$$B_2 = \begin{bmatrix} 1.00 & 0.73 & 0.70 & 1.42 & 1.04 & 1.07 \\ 1.36 & 1.00 & 0.87 & 1.94 & 1.42 & 1.46 \\ 1.57 & 1.15 & 1.00 & 2.23 & 1.63 & 1.68 \\ 0.70 & 0.51 & 0.45 & 1.00 & 0.73 & 0.75 \\ 0.96 & 0.70 & 0.61 & 1.37 & 1.00 & 1.03 \\ 0.93 & 0.68 & 0.59 & 1.33 & 0.97 & 1.00 \end{bmatrix}$$

$$B_3 = \begin{bmatrix} 1.00 & 2.24 & 1.13 & 0.90 & 1.02 & 1.08 & 1.10 \\ 0.45 & 1.00 & 0.51 & 0.40 & 0.46 & 0.48 & 0.49 \\ 0.88 & 1.98 & 1.00 & 0.80 & 0.90 & 0.96 & 0.97 \\ 1.11 & 2.48 & 1.25 & 1.00 & 1.13 & 1.20 & 1.21 \\ 0.98 & 2.20 & 1.11 & 0.89 & 1.00 & 1.06 & 1.07 \\ 0.92 & 2.07 & 1.04 & 0.83 & 0.94 & 1.00 & 1.01 \\ 0.91 & 2.04 & 1.03 & 0.83 & 0.93 & 0.99 & 1.00 \end{bmatrix}$$

$$B_4 = \begin{bmatrix} 1.00 & 0.98 & 1.05 & 0.88 & 0.98 & 1.01 & 0.69 \\ 1.02 & 1.00 & 1.11 & 0.90 & 1.00 & 1.04 & 0.71 \\ 0.95 & 0.93 & 1.00 & 0.84 & 0.93 & 0.96 & 0.66 \\ 1.14 & 1.11 & 1.20 & 1.00 & 1.11 & 1.15 & 0.79 \\ 1.02 & 1.00 & 1.07 & 0.90 & 1.00 & 1.04 & 0.71 \\ 0.99 & 0.97 & 1.04 & 0.87 & 0.97 & 1.00 & 0.68 \\ 1.45 & 1.41 & 1.52 & 1.27 & 1.41 & 1.46 & 1.00 \end{bmatrix}$$

二、指标权重

在上述研究的基础上，应用规范列平均法来计算出其最大特征值和特征向量。在此基础上，把对前述计算得到的特征向量进行归一化处理，分别对各一级、二级指标权重进行分配。结果如下：

四个一级指标所赋予权重：（0.2654，0.3308，0.2130，0.1915）

出版管理指标权重：（0.4116，0.3065，0.2774）

出版产品指标权重：（0.1552，0.2086，0.2396，0.1074，0.1466，0.1425）

出版企业指标权重：（0.1600，0.0717，0.1414，0.1777，0.1569，0.1475，0.1461）

出版产业指标权重：（0.1319，0.1356，0.1257，0.1505，0.1350，0.1303，0.1909）

三、一致性检验

计算各判断矩阵的一致性指标如下：

$$CI_A = (\lambda_{max} - n) / (n-1) = 0.0000$$

$$CI_{B1} = (\lambda_{max} - n) / (n-1) = 0.0001$$

$$CI_{B2} = (\lambda_{max} - n) / (n-1) = 0.0029$$

$$CI_{B3} = (\lambda_{max} - n) / (n-1) = 0.0000$$

$$CI_{B4} = (\lambda_{max} - n) / (n-1) = 0.0001$$

计算平均随机一致性指标 RI，结果如表 16-1 所示。

表 16-1　平均随机一致性指标 RI

n	1	2	3	4	5	6	7	8	9
RI	0.00	0.00	0.58	0.90	1.12	1.24	1.32	1.41	1.45

基于上述结果，我们进一步计算判断矩阵的一致性比率：

$$CR_A = CI_A/RI = 0.0000$$

$$CR_{B1} = CI_{B1}/RI = 0.0001$$

$$CR_{B2} = CI_{B2}/RI = 0.0023$$

$$CR_{B3} = CI_{B3}/RI = 0.0000$$

$$CR_{B4} = CI_{B4}/RI = 0.0001$$

通过分析可以发现，所有一致性比率都小于0.1，因此可得出以下结论：所有判断矩阵均能够满足一致性标准，对应特征向量有效。

四、指标权重分配

将指标体系中的三级指标用等权重方式进行赋权。基于上述研究，我们能够构建出版业高质量发展整体评价指标的权重设置，结果如表16-2所示。

表16-2　指标体系指标权重

一级指标	权重	二级指标	权重	三级指标	权重
出版管理	0.2654	版权保护程度	0.4116	版权合同登记情况	0.1092
		出版法制完善程度	0.3065	版权执法行政处罚数量	0.0812
		政府投入与补贴	0.2774	财政补贴项目数量	0.0736
出版产品	0.3308	产品结构	0.1552	非教材类图书总印张数/图书总印张数（或非教材教辅产值/图书总产值）	0.0513
		产品创新	0.2086	新版图书种数	0.0690
		产品质量	0.2396	重印再版图书比例	0.0792
		单品规模效益	0.1074	总销售收入/总品种	0.0355
		产品渠道与载体开发能力	0.1466	数字出版营业收入较上年增长率	0.0484
		市场需求程度	0.1425	出版物总数/总品种	0.0471
出版企业	0.2130	融合发展能力	0.1600	数字出版营业收入/全行业营业收入	0.0340
		国际化能力	0.0717	版权输出/输入	0.0033
				出版物进出口经营单位出版物出口/进口	0.0033
		盈利能力	0.1414	企业法人利润总额/企业法人单位数	0.0301

续表

一级指标	权重	二级指标	权重	三级指标	权重
出版企业	0.2130	创新能力	0.1777	文化制造业企业 R&D 经费内部支出（万元）	0.0378
		生产周转能力	0.1569	库存率＝库存码洋/定价总金额×100%	0.0334
		品牌经营能力	0.1475	品牌竞争能力	0.0314
		人力资本素质	0.1461	人力资本素质	0.0311
出版产业	0.1915	产业集中度	0.1319	出版集团前 3 名市场占有率	0.0252
		产业集群化	0.1356	国家出版产业基地（园区）营业收入	0.0259
		市场集中度	0.1257	出版集团营业收入/产业总营收	0.0240
		市场化程度	0.1505	出版上市企业营业收入/产业总营收	0.0288
		劳动生产效率	0.1350	出版物总产值/全部从业人员年平均人数	0.0258
		经济绩效	0.1303	产业利润总额	0.0124
				产业就业贡献，如产业就业人数	0.0124
		社会绩效	0.1909	人均年拥有图书	0.0121
				数字化阅读率	0.0121
				国民综合阅读率	0.0121

第十七章 北京出版业高质量发展的 实证测度与分析

首先，收集用来评价北京出版业高质量发展所需相关数据，部分数据通过收集权威机构发布的资料，部分数据通过对业界高管、专家等通过面对面、网络发放问卷的方式获取。其次，对收集的原始数据需要进行无量纲化处理。最后，应用指标评价体系对北京出版业现状进行评价。

第一节 数据来源与处理

我们收集了 2018 年 31 个省市的相关指标数据，来源包括《中国新闻出版统计资料汇编 2019》、《2018 年中国文化及相关产业统计年鉴》、《2018 年新闻出版产业分析报告》、新闻出版研究院发布的国民阅读调查数据等。上市公司数据来自国泰安数据库。首先，对逆向指标采用倒数法完成同趋势化处理。其次，对收集的数据进行无量纲化处理，所采用模型如下所示：I_{ij} 代表第 i 个省市的第 j 个指标无量纲化后的值，X_{ij} 代表其原始数据。$\min(X_j)$ 与 $\max(X_j)$ 分别代表第 j 个指标所有省市中的最小值与最大值。经过处理后，所有指标具有统一量纲，取值在 0~1。再次，本课题对数据进行无量纲化处理后，将缺失数据赋值为 0，代表该地区的该指标处于本指标中的最低值。

$$I_{ij} = \frac{X_{ij} - \min(X_i)}{\max(X_j) - \min(X_j)}$$

第二节　指数测算与结果分析

应用本课题建立的评价指标体系对北京与其他 30 个省份 2018 年出版业高质量发展状况进行测算。我们将 31 个省市的总体指数从大到小排列后发现，北京出版业的高质量发展指数排名第一，为 0.526，说明从总体发展情况来看，北京出版业在全国各省市中表现得最好。本课题对包括北京在内的 31 个省市出版业高质量发展 4 个一级指标进行测算，并进行比较分析，如表 17-1 所示。

表 17-1　31 个省份测算与排名

区域	一级指标				总指标
	出版管理	出版产品	出版企业	出版产业	
北京	0.668	0.576	0.432	0.358	0.526
江苏	0.225	0.697	0.686	0.358	0.505
山东	0.259	0.543	0.590	0.357	0.442
浙江	0.149	0.592	0.623	0.266	0.419
湖南	0.130	0.583	0.477	0.329	0.392
安徽	0.211	0.485	0.461	0.374	0.386
四川	0.314	0.500	0.393	0.264	0.383
广东	0.166	0.501	0.511	0.251	0.367
江西	0.134	0.477	0.420	0.266	0.334
河南	0.164	0.462	0.361	0.301	0.331
上海	0.060	0.705	0.236	0.150	0.328
湖北	0.154	0.453	0.309	0.210	0.297
河北	0.150	0.471	0.289	0.205	0.296
贵州	0.102	0.630	0.118	0.140	0.287

续表

区域	一级指标				总指标
	出版管理	出版产品	出版企业	出版产业	
新疆	0.175	0.509	0.168	0.127	0.275
广西	0.105	0.506	0.162	0.136	0.255
辽宁	0.173	0.421	0.106	0.165	0.239
吉林	0.175	0.432	0.098	0.068	0.223
内蒙古	0.237	0.315	0.202	0.065	0.222
云南	0.112	0.393	0.173	0.135	0.222
甘肃	0.112	0.377	0.109	0.199	0.216
山西	0.128	0.403	0.148	0.075	0.213
陕西	0.111	0.398	0.137	0.086	0.206
重庆	0.049	0.427	0.185	0.061	0.205
福建	0.090	0.385	0.165	0.090	0.204
海南	0.046	0.332	0.161	0.188	0.192
西藏	0.085	0.259	0.056	0.066	0.133
黑龙江	0.073	0.213	0.035	0.025	0.102
青海	0.037	0.243	0.027	0.026	0.101

对于一级指标"出版管理"，北京的指数为 0.668，居 31 个省市的首位；对于一级指标"出版产品"，北京的指数为 0.576，在 31 个省市中排名第 6 位。排名前 5 位的分别依次为上海（0.705）、江苏（0.697）、贵州（0.630）、浙江（0.592）、湖南（0.583）。可以看出，在出版产品的高质量发展方面，做得最好的是上海，指数为 0.705，明显高于北京（0.576），相差 0.129。一级指标"出版企业"，北京的指数为 0.432，在 31 个省市中排名第 7 位。排名前 6 位的依次为江苏（0.686）、浙江（0.623）、山东（0.590）、广东（0.511）、湖南（0.477）、安徽（0.461）。通过比较可以看出，在出版企业的高质量发展方面，北京明显落后于部分省份。一级指标"出版产业"，北京的指数为 0.358，在 31 个省市中排名第 2 位。安徽的"出版产业"的发展指数为 0.374，高于北京；北

京的出版产业发展指数与江苏相同。通过上述分析，可以得出，虽然北京的出版业高质量发展总指数排名第一，但是，从分指数来看，除了一级指标"出版管理"远高于其他地区外，"出版产品""出版企业"均明显低于部分省份，"出版产业"与其他省市相比较，也不具备明显的优势。

第十八章 北京出版业高质量发展的特征与问题

第一节 北京出版业高质量发展的特征

一、出版企业高质量发展是驱动出版业整体高质量发展的引擎

出版企业是出版产业高质量发展的基本实践单元。出版产业需要加强构建合理化、高成长、高价值、集约型的产业发展格局，进一步优化产业结构，通过充分发挥龙头出版企业与成长型企业的引领，带动整个产业转向高质量发展轨道。在出版企业高质量发展评价指标体系中，创新能力的权重为0.0378，在出版企业高质量发展中的权重系数最大，说明创新能力是驱动出版企业发展，最终推动出版产业实现高质量发展的引擎。此外，融合发展能力的权重为0.034，在出版企业高质量发展中的权重系数排在第二位，说明创新、融合发展是影响出版企业高质量发展的关键因素。另外，品牌经营能力的权重系数为0.0314，说明品牌经营能力也是影响出版企业高质量发展的重要因素。

二、出版产品是构成出版业高质量发展的关键

一级指标"出版产品"的权重为0.3308，在4个指标中占比最高，说明出

版产品的高质量发展是构成出版业高质量发展的最重要因素。在出版产品高质量发展评价指标体系中，产品创新的权重为 0.069，产品质量的权重为 0.0792，在出版产品高质量发展的二级指标中占比较高，说明产品创新、产品质量是影响出版产品高质量发展的重要因素。

三、出版管理在推动出版业高质量发展方面起到重要作用

通过分析可以看出，一级指标"出版管理"在 4 个一级指标中占比排在第二位。同时，第二类区域的出版产品、出版企业、出版产业均值都高于第一类区域相应各值，但由于出版管理均值低于第一类区域，导致第二类区域的出版业高质量发展总指标值低于第一类区域。在一定程度上说明，出版管理导致第二区域出版业高质量发展总指标值低于第一区域出版业总指标值。

第二节　北京出版业高质量发展存在的问题

当前，北京出版业在转向高质量发展方面取得了巨大的成绩，但仍然存在一些问题，有待进一步改进。通过对北京出版业应用高质量发展评价指标体系的评价，结合我们课题对北京出版业现状的调查，我们对北京出版业在转向高质量发展过程中存在的问题进行了分析，主要表现为以下几个方面：

一是创新能力不足。当前制约北京新闻出版业发展的最主要因素之一是创新能力的缺乏。体现为技术创新的基础薄弱，商业模式、管理机制创新落后，创新人才不足，创新动力不足。

二是产品质量良莠不齐，内容创新不足。目前，出版业粗制滥造者屡见不鲜，盗版现象仍然屡禁不止。出版产品的数量规模占世界第一，但是内容的创新度却不高，重复出版不计其数。

三是北京出版的融合发展还有待实际性推入。虽然，当前出版业的融合出版呼声较高，很多企业也有探索融合出版的决心，但是，实际上融合出版的实践仍然缺乏实质性进展。在营销活动中，很多企业的融合出版探索也仅仅是建立公众号、微博、网页。在组织结构中，很多企业只是增加了一个数字出版部门，并无实质性融合业务的推进。

　　四是出版业高质量人才匮乏。在云计算、大数据、5G 等新技术的迅猛发展下，出版业的发展受到了巨大的冲击，出版流程、出版产品、出版商业模式都面临着被变革和重塑，完成这一切的需要具有相关能力的人才。然而，当前出版业具有推进出版业高质量发展实践能力的人才非常匮乏。同时，北京出版业的人才面临着大量流失的问题，有相当一部分具有较强业务能力的人才跳槽到了其他行业。

第十九章　北京出版业实现高质量发展的策略与建议

基于上述对北京出版业高质量发展测评结果与分析，以及前述对北京出版业高质量发展存在问题的分析，提出北京出版业转向高质量发展的策略与建议。

第一节　培养高质量的出版人才

一、校企合作培养出版人才

大学应与出版公司建立密切的合作关系，以大学主导、企业参与的模式共同开发新技术环境下涵盖出版运营全过程的课程体系。结合行业对人才的需求特点，构建新时期出版人才的素质与能力模块。此外，学校还可以聘请优秀人才到企业担任学生的导师、实践课程的教师以及各种实践竞赛的评委。在企业优秀人才的指导下，可以提高学生对理论知识的理解，有助于使学生提升理论联系实践的能力，增强实际操作能力。学校可以邀请公司员工讲授新媒体运营等实践课程。

二、构建融合发展需要的培育体系

在学校的领导和企业的参与下，根据融合发展的素质和能力需要，共同构建课程体系、培训方案和教材。在建立素质与能力模块的基础上，分析人才所需要的知识和技能，进而围绕知识和技能构建课程体系、培养方案和教材。课程设置既要体现与出版相关的理论知识，表达合理的内部逻辑性和可操作性，又要构建相关的项目和任务，培养学生的实践能力。学生可以胜任编辑、美术设计师等基本职位。同时具备可持续发展的专业能力，为今后担任主管、项目经理等管理岗位打下基础。

在知识服务和融合发展的背景下，急需复合型人才。高校作为人才培养的主要执行者，应充分发挥其在人才培养中的作用，可从以下两方面进行：第一，根据行业需求和新时期出版专业培养目标，高校应制定新的出版专业人才培养质量标准。培养质量标准应该将人才培养的要求进行细化，标准的重点应该围绕提高人才的专业基础能力与核心能力、应用能力、发展能力。专业标准应该对毕业生所应掌控的知识与能力做出规范，涉及需要掌握的基本知识与技能以及专业能力的要求。第二，在新体系中要强调以学生为中心的理念和方法。要创新传统的教学方法。传统教学的教师讲授、教材和课堂应该为学生发展、学生学习和以学生为中心的教学效果所取代。这一理念以学生的发展为最终目标。强调对学生思维方式、分析问题和解决问题的能力的引导和培养。老师是促进者和导师的角色，而不仅是教授课程。

三、培养学生创新创业能力

培养体系强化学生创新创业能力的培养，确保人才与岗位的精准匹配。学校可以与企业搭建平台，建立"出版创业工作室"，满足企业现有的发展需求。充分利用企业资源，为学生创业提供资源保障。企业可以通过招标建立不同的创业项目。学校鼓励学生组队，积极参与项目投标。公司派相关人员担任团队导师，为团队提供创业指导，实现公司与学生团队之间资源、知识、产品的互动与交流。这有利于培养学生的创新能力、创业能力和团队合作能力，也可以为企业提供更多的创业发展机会。在创业实践过程中，可以根据公司的人才需求，通过导师对学生的观察和评估，为学生提供试岗机会。通过企业与学生的双向选择，实现人才与岗位的精准匹配。这种模式可以提升学生找到合适工作的机会，缩短适应工作的时间，帮助企业招聘优秀人才。

四、建立有效激励机制，鼓励知识型员工创新创业

出版业是内容的生产者和提供者，其从业人员主要是知识型人才。随着知识经济时代的到来和通信技术的飞速发展，信息的获取变得越来越多样化。这对出版业的知识加工和知识选择提出了更高的要求。出版商正在逐步向问题解决者和解决方案提供者转变，这就要求员工更加专业和创新。因此，知识型员工的作用会更加突出。知识型员工的创新行为是实现出版趋同的不竭动力。在对知识型员工进行考评和激励的过程中，应该注意以下几点：

首先，建立激励机制，调动出版公司知识型员工的创新能力是必要的。激励知识型员工的关键是满足他们的心理期望，从而激励他们形成内部动力，促进他们的创新行为。知识型员工的心理期望大多属于心理契约的内容。因此，应从心理契约的角度提出激励知识型员工创新行为的策略。其次，出版企业所建立的薪酬机制，需要保障制度的科学性、公平性，做到按劳分配。出版产业作为内容产业，在实现高质量发展的目标下，需要努力提升产品的创新，然而创新行为的测量和评估较为困难，因此，在对创新型行为进行考评的过程中，需要依据工作的具体内容，结合科学的评价方法，对绩效评价机制进行设计，保证员工能够获得与实际工作相匹配的薪酬。再次，创新激励机制。在出版企业日常运营与发展中，知识员工的成长与培养尤其应当被予以重视，因为作为内容行业，新知识与新技术是产品创新、企业发展的根本基础。出版企业可以考虑采用股权激励的方式对员工激励方式进行创新，以更好地激发员工的创造力。股权激励可以将员工的个人发展与公司的未来发展结合起来，从而激发员工的干劲，鼓励员工创新创业。最后，企业应提供相应的制度保障，促进员工转型。例如，工作描述应该根据新工作的职责特点进行调整。该系列的工资、考核和晋升标准根据岗位描述进行调整。

五、加强对知识型员工的人力资本投资

出版企业应该转变对人才的观念，应该将对知识型员工的培养视为对核心资产即人力资本的储备与经营，而不是将对人才培养的投入简单地视为短期成本。出版企业应重视对知识型员工未来发展的投入，应为员工提供尽可能多的学习机会，拓宽他们的知识结构、技能和思维能力。努力为员工提供学习平台。员工可以通过参加专家讲座、培训、研究等方式学习知识。公司可以定期为员工组织培训活动，提高知识型员工的知识和技能。通过行业交流会的形式组织，可以邀请在该领域有良好表现的同行交流专业和运营经验。

出版企业要以思维促人才转化。引导员工转变观念，鼓励员工增强自我修养意识。在意识形态方面，公司应该引导员工观念的转变。让他们充分认识到获得跨学科知识和跨媒体技术的重要性，提高跨行业思维能力。

知识型员工通常素质较高，重视职业生涯的长远发展。许多员工离开是因为他们认为在当前的组织中没有前途，他们看不到个人发展的好处。个人职业发展是影响员工流动性的重要因素。因此，为了留住高价值员工，企业应该更加重视他们的个人职业发展。员工的个人发展关乎其自身，更关乎企业，因为如果能够让个人对未来发展充满期待，那么将充分激发其奋斗与拼搏精神，有助于推动企业的创新与发展。使员工的个人发展与企业的发展相结合，有助于增强知识型员工对组织的归属感和忠诚度。企业应通过指导和参与员工为其量身定做个人职业发展规划，将员工个人成长与企业紧密相连。

第二节　以创新战略驱动北京出版业高质量发展

通过评测结果分析可以看出，出版企业是出版产业高质量发展的基本实施单位，出版企业实现高质量发展是出版产业高质量发展的基础。同时，通过高质量发展评价指标体系的构建以及测评结果分析可以看出，创新是高质量发展实现的关键因素，创新是驱动出版业高质量发展的引擎。出版企业应围绕创新人才培养、实施创新战略等方面提升高质量发展资源禀赋获取与应用能力。

一、构建具有创新力、敢担当的人才队伍

人力资本是推动企业实现高质量发展的关键资源。新闻出版企业要从观念、制度、规范等各方面入手，构建具有创新力、高度使命感的高素质人才队伍。一是要优化人才的年龄、能力、专业结构，提升整体效能；二是要完善干部选拔任用、考核评价机制，优化选任体系，不断提高选人用人质量；三是要大力提拔有作为的人才，鼓励拔尖人才脱颖而出、独当一面；四是要加强对后备干部、优秀人才的动态管理，特别要强化数字化、国际化、资本运作等短缺人才的培养和引进；五是要重视编辑、营销队伍建设，完善职务晋升、职称评定、收入分配机制，探索建立公司特色骨干人才成长体系；六是建立急缺人才引进计划，为出版新业态的开辟建立人才选用"绿色通道"。

二、应用协同创新战略

通过对出版业界的实地调研，我们发现，当前北京出版企业普遍不具有技术研发能力优势，技术人才、技术资源不足，研发基础与能力薄弱。并且，从研发投入的情况来看，出版企业在自主研发方面开展的工作、投入的资源不足，取得

技术创新成果的能力有限。在这样的背景下，北京出版企业可以应用协同创新战略，综合应用内外部资源，同时利用内外部所有有价值的创新。当前，协同创新战略在解决企业自身创新能力不足方面具有重要价值，同时，该战略能够发挥资源互补优势，提高创新活动的效率。在采取协同创新战略过程中，合作的对象不仅可以选择同行企业，还要注重与高技术企业，以及学术机构、高校、非营利组织、政府等建立战略合作关系。

三、不断创新出版产品

出版产业属于内容产业，其核心是要不断提供高质量的文化内容，这就需要持续不断地进行创新，这也是实现高质量发展的必然要求。内容始终是出版产业的核心资源，出版业推进高质量发展，应该始终坚持将内容资源的开发与利用放在首要战略位置，利用资源优势，不断推出创新型产品、服务以及商业模式。为了实现这一目标，出版单位应该始终将社会效益放在首位，即坚持出精品、出优秀内容的产品，综合应用各类资源与要素，提升内容的原创性。应不断创新与调整产品的策划、经营模式、管理制度，提升产品的开发与运营能力，向消费者提供更多有精深思想的产品。云计算 5G、AR/VR 等新技术的迅猛发展，不断推动出版内容的融合发展。在此背景下，应鼓励一些有实力、有能力的大型出版单位，充分利用新技术，积极探索新型产品与服务的开发与应用，提升整个出版价值链的价值。应鼓励出版业以内容为核心，打破出版产业边界，实现与影视、动漫、游戏、在线教育、旅游等多种业态之间的融合。在实现过程中，可以依托文化项目、出版项目等的牵引，创新资源的获取渠道，提升产品与服务的开发能力与效率。

四、积极培育出版新业态

作为内容产业，出版产业具有独特的属性，即拥有 IP 核心资源。因此，在高质量发展的推进过程中，出版业应该围绕 IP 资源，通过协同创新路径，加速各类资源的整合与配置，不断培养新的产品、形成新的商业模式与产业形态，增加价值链的价值。出版业应始终坚持高质量发展理念，切实推进融合发展，推动传统出版的转型升级，加快新技术的应用开发，着力开发新型业态，如知识服务、按需印刷、在线教育等。出版业应该以传统纸质产品为基础，提高原创能力，提升出版内容创新能力，不断开发新型的产品形态。出版单位应该加强对消费者需求调研的重视，通过充分的市场调查与大数据技术的使用，提高选题的科学性，通过使用综合媒体表现形式，提供满足消费者需求的产品与服务，提升精准化服务能力，提升单品收益率，提高企业资源的综合利用率。在此过程中，应以全媒体视角开展产品的生产与运营，从选题视角开始，就着眼于全媒体的设计。在开发过程中，应着力提升每个创意或者 IP 的多次产品开发、多种产品形态，拓展产品销售渠道。

五、创新运营管理制度

当前，出版单位的管理制度与组织结构仍是围绕传统产品的运营流程设计与运行的，然而，在融合发展的背景下，已有的管理制度与组织架构已经在很大程度上不适应新业务、新产品、新商业模式的探索与开展。为了有效推进融合发展，不断创新产品与新兴业态，提升出版业经营效率，保障出版产业为社会供应更多精品、优品，出版单位应结合创新发展需要，调整和变革不适应创新与融合发展的管理制度、组织架构。出版单位应该从多媒体的发展视角，从未来发展的战略目标为基准，围绕融合发展事业的需求，对组织架构进行调整，对阻碍新型业态发展的已有制度进行变革，使其为新产品、新业态的经营提供有力保障。例如，有效的考核、晋升机制能够激励领导与员工开展创新创业活动。当前，部分出版企业在努力探索数字出版，开发数字产品，这些新型业务内容与原有考核、激励、晋升内容不符合，无法用原有制度进行考量和评价，因此，亟须探索针对新型业务内容进行考量与评价的新制度。

第三节　培育高价值出版企业，优化产业结构

政府、行业协会等产业组织与企业共同发力，构建合理化、梯队性、高成长、高价值、集约型的产业发展格局，推动新闻出版产业结构调整，提高产业集中度与集约化水平。

出版产业实现高质量发展，首先需要有一批"顶天立地"的大型企业，具有较强的品牌价值、集约化能力强、市场覆盖面广、国际化经营能力强，具有稳定的实现经济效益的经营主业，同时有资源和能力开拓新业务、培育新型业态，成为探索融合发展、智能化出版的排头兵和主力军。其次出版产业高质量发展需要有一批"铺天盖地"的成长型企业。目前，我国新闻出版业将主要精力集中在对大型出版集团的打造，但是，对成长型企业的关注力度有待加强。成长型出版企业是新常态下新的经济增长点和转型升级的重要推动力。政府与行业协会等产业组织应加强对成长型出版企业的培养与引导，以点带面发挥成长型出版企业的示范效应，有效激发出版产业领域创业创新活力。可以采取品牌宣传、政策扶持、培训指导、跟踪服务等措施，进一步加大对成长型、创新企业的扶持和培育力度。

第四节　构建北京出版业大数据

一、构建出版业大数据系统的总体战略思路

新闻出版行业大数据系统的构建与应用是未来出版业发展的核心战略，需要

政府、行业组织、企业、科研机构共同努力，携手打造出版业大数据新的格局。需要从以下方面着手开展：制定和颁布相关的政策体系；推进适应大数据系统开发与应用的制度建设与机构建设；加强技术研发力度；强化大数据相关标准研制与应用；为大数据系统的研发与应用提供开发、交换、运营、共享的技术、资质与载体平台；积极探索大数据系统的商业模式；提升大数据的经济价值与社会效益；推动大数据产业化应用的速度与效率。

值得指出的是，大数据系统的构建与应用不应该沿袭传统出版业经营活动的逻辑，应该是以围绕未来出版形态展开的自顶层设计出发的全方位的流程再造，构建新思维下的企业经营理念、经营制度、商业模式、组织架构等。大数据系统不是传统经营模式的附带项目，而应该真正立足于对出版业转型升级的构建。企业管理者应该转变对数据开发与应用的片面认识，一些出版经营机构对出版的内涵与外延的理解、出版的形态还没有形成新的认识和长远的战略思考与布局。

二、政府积极推进大数据系统的构建与应用

新闻出版行业大数据系统的构建与应用是未来出版业发展的核心战略，需要政府、行业组织、企业、科研机构共同努力，携手打造出版业大数据新的格局。需要从以下几个方面着手开展：一是制定和颁布相关的政策体系；二是推进适应大数据系统开发与应用的制度建设与机构建设；三是加强技术研发力度；四是强化大数据相关标准研制与应用；五是为大数据系统的研发与应用提供开发、交换、运营、共享的技术、资质与载体平台；六是积极探索大数据系统的商业模式；七是提升大数据的经济价值与社会效益；八是推动大数据产业化应用的速度与效率。

在出版业大数据构建与应用过程中，政府应该发挥总体性引导、规划与基础性支撑作用。具体包括以下几个方面：第一，抓好顶层设计与规划工作，对行业数据现状进行统计与梳理，在国务院相关部署指导下，结合产业形态发展对大数

据的需要，及时出台保障大数据建设的相关政策法规。第二，积极推进大数据系统建设，加大技术研发的推进，从财政资金、制度、机构建设等方面构建大数据技术研发系统。第三，积极推动产业内部、出版业与其他产业之间的数据互通互换、互相支撑。通过公益性项目与产业化项目的开展与运营推动出版业对大数据的应用。

三、构建新闻出版业数据服务机构

为了全面贯彻落实大数据系统的建设与应用战略，除政府的主力军作用外，还需要建立行业大数据管理与应用服务机构。出版业大数据管理与应用服务机构的建立应秉持以下原则。首先，该类机构的性质应该是政府部门管理与指导下的中立机构，不参与市场化竞争。其次，该类机构应该能够向社会提供大数据基础设施建设与服务的支撑与保障。相关部门通过应用该类机构提供的数据产品与服务，开展公共文化活动与服务，推动公民文化素养的提升。再次，该类机构为出版企业提供市场化的数据产品与服务。出版企业可以通过从该类机构获取数据，提高其大数据的使用能力和信息化水平，进一步提高其选题策划、营销管理等方面的精准化程度。最后，通过数据产品与服务的开发和应用，推动出版企业的数字化转型，推进融合发展实践。鼓励企业，不仅是出版企业，开展基于大数据的二次创业与创新发展。

四、大数据战略促进产业链、全社会资源共享

利用产业大数据系统，实现产业链信息共享。构建新闻出版业大数据系统，充分利用大数据系统将产业链整体进行贯通。以信息资源作为线索，实现出版产业链信息共享，带动产业链资源的整体良性循环，减少信息不对称，实现资源的有效利用。出版产业的基本活动包括选题、制作、营销等。通过使用大数据，可以将信息在出版活动的各环节之间进行贯穿，提升出版产业链各环节之间的协调

程度，提升整个产业链的效益。在出版选题阶段，通过使用大数据方式开展市场调研，能够提升需求信息的精准化获取。进一步，提升产品策划、生产、营销的精准化匹配程度，降低产品积压率，提高资源利用的有效率，最终提高企业的经营效益。也有利于提高出版业满足大众文化需求的能力，为社会提供更多高价值、高品位、制作精良的文化产品，有助于出版产业更好地实现社会价值。大数据的使用能够提高出版业对消费反馈信息的收集，为企业未来的选题、营销提供决策的来源与依据，提高出版企业现代化经营管理水平。

在实现产业链大数据信息资源共享的基础上，探讨构建面向全社会的大数据资源，为包括出版产业的其他行业以及公共服务提供大数据资源。将有助于出版产业与其他产业，如影视、旅游等的融合发展，推动出版产业以及其他文化产业的融合发展实践，并推进文旅融合发展。此外，通过全社会资源共享将有利于推进公共文化设施与服务水平的提高。为大众创业、万众创新提供新的资源。

第五节　实施互联网生态战略

一、实施平台生态圈战略

随着知识经济时代的到来与互联网技术的发展，传统出版社提供的产品已经不能够满足人们的需求。出版商需要积极探索新的角色身份定位，知识服务商是未来出版商发展的一大趋势。传统出版企业应充分利用互联网建立生态圈，围绕IP资源，整合资源，探索生态圈经营模式，提升生态圈内参与者的共同价值。出版商可以利用自身内容优势，与高校、教育机构、互联网公司、影视等组织建立生态圈。在"互联网+"背景下，出版企业可以利用多种互联网渠道，如公众号、网站、微博等开展营销活动。通过社群营销方式培养顾客，与顾客建立良好关系，探索新型整合营销方式。例如，新华社非常重视平台的建设以及对大数据的管理与应用，推出了一款名为"新华社"的移动新闻 App，取代此前的"新华社发布"客户端。新版客户端不仅作为一个资讯平台发挥作用，而且引入了诸多新功能，如加入算法推荐引擎。应用大数据为基础的"身份识别"技术，新版客户端能够实现 App 产品根据用户兴趣对用户进行相关领域新闻的智能推荐服务。

二、构建互联网战略转型

在互联网时代，出版企业需要紧跟时代潮流，对经营战略进行再思考、再界定，在此指导下，对传统经营业务进行调整、缩减，集中资源与能力优先发展最有利于打造企业竞争优势的业务，并采用新技术对企业经营思路、经营模式进行变革。比如，爱思唯尔近年来对经营战略进行重新定位，将经营重心放在致力于知识服务，为科研人员提供智能化、全方位、系统化的产品与服务。爱思唯尔将管理工具 SciVal 基于文献、数据库的分析，对文献、引用率、高度可视化功能进行整合，极大地提高了科研人员在科研工作中的科学决策能力，提升了科研工作者对研究策略的制定、实施与评估能力。爱思唯尔基于解决科研过程的痛点和难点问题，不断对经营产品与服务进行创新与改革，开辟了较为稳定的经营领域，形成了一定的顾客黏性。通过经营业务的重新组合，2016 年下半年其纸质书销量出现了最大幅度的下滑，全年纸质书收入仅占 10%，而电子参考产品、数据库产品的经营业绩在不断提升，电子期刊平台的消费使用率在迅速增长。在互联网与数字化发展背景下，社会科学文献出版社对自身的战略布局与身份进行了重新定位，并积极探索新的商业模式。2016 年，社会科学文献出版社对自身角色进行再界定，对经营战略进行了重新调整。过去社科文献出版社主要是传统的图书产品供应商，2016 年社会科学文献出版社将自身定位为知识服务提供商，在此定位下，探索出了一套适合自身的全方位专业知识服务模式。值得注意的是，当前，通过收购互联网企业弥补自身业务短板的做法是很多企业采用的转型战略。但是，为数不少的企业试图通过收购进军某领域的运作最终都以失败告终。导致失败的原因很多，一个关键因素是缺乏统筹全局的战略与科学严谨的战略执行，以至于企业对被收购业务的战略定位不清晰，或者与已有战略之间的关系不清晰，出现资源短缺、分配不当或者被收购团队水土不服等问题，致使企业无法充分掌控整个局面。

三、构筑出版企业与顾客的双向交际平台

出版企业对互联网工具的使用不能采取"一厢情愿"的硬性推销方式，应在围绕互联网融合发展战略布局的前提下，充分发挥互联网工具的作用，使其成为企业与顾客的双向交际平台，让企业成为顾客的朋友。猫的天空之城概念书店通过微信公众号进行社群营销，提高了顾客黏性，具体做法是结合日常工作生活实践，与粉丝进行交流，一方面讲述一些日常生活中的小故事，引导正确的价值观，传递某种生活方式，倡导正能量；另一方面为粉丝提供一个交流平台，聆听粉丝的困难，尽量帮助粉丝排忧解难，以此实现与粉丝的互动，而不是单纯的单向输出以及传统做广告功能。同时，应充分发挥互联网工具的线上营销功能，与线下营销结合，实现整合营销模式。通过线上的信息传递与线下的体验与服务融合，为顾客提供更满意的产品与服务。对于实体书店来说，普遍面临一个问题，书店中有资源能够举办较好的活动，但不能找到合适的人参加。例如，书店可以通过微信预告活动，实现顾客的精准定位，并且实现线上与线下的有效互动。出版企业可以通过倾听顾客的需求，不断完善互联网工具功能的设置与改进，更好地拉近顾客与企业之间的距离，实现跟踪顾客需求、实施精准营销的目的。

第六节　深度推进融合发展

深入推进融合发展是出版业实现高质量发展的重要路径。从战略层面来讲，一是以 IP 资源为纽带，打造全产业链新业态。坚持全媒体、全产业链的发展思路，围绕出版主业开展多元业务，实现集约式、内涵式发展。二是按照"内容+"和"产品+"思路，深入推进数字化融合发展。数字化是新闻出版业转型的方向，传统新闻出版企业可以按照"内容+"和"产品+"的发展思路，深入推进多元媒介融合发展。三是加强战略合作，促进产业多元化融合发展。出版企业可以通过与其他行业或组织建立各种形式的合作关系，可以基于出版产业链在各环节包括内容的挖掘、创新与开发以及营销、资本运作等开展合作，围绕优质资源重塑出版产品形态、延伸出版产业链。出版产业通过与影视、旅游等其他业态共同开发内容，探索新型产品与商业模式，实现跨界融合发展。

第七节　创新管理机制，强化出版管理力度

一、建立健全长效监管机制，加强出版物质量管理

质量是出版产品的生命，出版物质量是出版业发展的基础。在深入推进出版业高质量发展的过程中，需要着力建立健全新闻出版精品的长效监管机制。一是要加强引导与督促出版企业将质量意识放在首位，始终将为社会提供高品位、高价值出版物作为最重要工作。二是强化对出版产品质量的监管力度，完善新闻出版物质量管理相关法律法规，进一步落实相关管理制度，形成新闻出版物质量检

查常态化。严厉打击违法、违规行为，打击盗版、侵权行为；强化出版物质量的重要环节是降低出版物的差错率，为此应加大对出版物质量的抽检力度；加强著作权保护、打击非法出版活动。三是创新管理办法，加强新闻出版物的质量管理。修订、规范举报奖励制度进行修订、规范，提高举报奖励标准，鼓励社会力量参与质量监督与举报。

二、强化政策引导，做好示范与扶持

当前，出版产业在融合发展、转型发展方面已经取得显著成效，但仍有很长的路需要继续前行。我们应该深刻认识到出版业面临的挑战与困难，为出版行业未来发展涉及的关键技术和领域做好顶层设计，提出为出版业未来融合发展、转型发展提供保障作用的产业政策与措施。目前，在融合发展、转型发展方面取得较好成果的主要是一些有较为雄厚资源基础的出版单位，多数中小型出版单位开展融合发展、转型发展的尝试较少，主要原因在于缺乏足够的资金、数字出版人才、技术等，可以说是心有余而力不足。在此种背景下，应鼓励部分有一定资源、能力的出版单位深入探索传统出版与数字出版、出版与新技术、出版与其他业态的融合发展。可以通过扶持出版融合发展示范基地的方式，鼓励一批有实力的出版单位切实发展融合出版事业，助力出版单位实现"数字化、智能化"转型升级。可以由政府引导，行业协会、出版单位以及其他行业单位共同参与，建立相应的产、学、研平台，实现新技术研发、应用一体化链条。可以通过设立出版融合发展项目，对关于未来发展的重大项目进行资助。对于一些中小出版单位，也应设立相适应的配套政策，对确有一定可行性发展计划并具备相关基础的单位，给予相应的引导、资助与扶持。

三、充分发挥好行业协会的作用

出版行业开展融合发展、转型发展，面临着很多前所未有的挑战，如对新技

术的探索性融合与应用，虽然前景广大，但是需要极大的投资，并且伴随着较大的风险与不确定性。这就需要整个行业共同发力，需要充分协调各方面的资源与信息。然而，当前出版单位的资源多是局限在内部，单凭一己之力，很难将优质资源做到优质开发，整个行业缺乏协调、共享，对于整个行业来说，也形成了浪费。在此种背景下，需要行业协会更多地发挥桥梁作用，在行业内搭建起资源、信息的交流平台，让出版单位之间能够互通有无、取长补短，为出版单位提供更多合作的机会，实现协同发展，降低重复研发、重复投资实践的发生，将有利于整个行业资源的有效组合，提高行业转型发展的效率。行业协会可以通过举办论坛、培训班、业务洽谈会等方式在行业内以及行业外举办活动，为出版单位提供与本行业同人以及其他行业沟通的机会，以及为出版单位之间合作提供一定的服务，促进合作的顺利开展。同时，行业协会也可以更好地发挥智库作用，通过聘请专家对未来出版行业的发展趋势开展一些调研与预判，为出版单位制定未来发展方向，以及为政策制定者提供指导与参考。

参考文献

［1］Bansal P. Evolving Sustainably：A Longitudinal Study of Corporate Sustainable Development［J］. Strategic Management Journal，2005，26（3）：197-218.

［2］Schumpeter J. Capitalism, Socialism, Democracy［M］. New York：Harper and Row，1942.

［3］任保平，魏婕，郭晗. 超越数量：质量经济学的范式与标准研究［M］. 北京：人民出版社，2017.

［4］杨幽红. 创新质量理论框架：概念、内涵和特点［J］. 科研管理，2013（12）：320-325.

［5］黄速建，肖红军，王欣. 论国有企业高质量发展［J］. 中国工业经济，2018（10）：19-41.

［6］柳斌杰. 发展高品位高质量高效益出版业［J］. 中国出版，2018，19（5）：5-9.

［7］冯俏彬. 我国经济高质量发展的五大特征与五大途径［J］. 中国党政干部论坛，2018（1）：59-61.

［8］贺耀敏. 北京推进数字出版产业发展的现实路径［J］. 前线，2014（1）：92-95.

［9］胡惠林，王婧. 中国文化产业发展指数报告（CCIDI）［M］. 上海：上海人民出版社，2012.

［10］花建．文化产业竞争力［M］．广州：广东人民出版社，2005．

［11］黄先蓉，田常清．新闻出版业国际竞争力与影响力评价指标体系研究［J］．贵州师范大学学报，2013（3）：21-29．

［12］黄孝章，张志林．北京数字出版产业发展态势研究［J］．北京印刷学院学报，2010，18（1）：2-5．

［13］李伟．高质量发展有六大内涵［N］．人民日报，2018-01-22．

［14］廖建军．出版产业竞争力的分层立体评价模型［J］．出版科学，2007（2）：51-53．

［15］林兆木．关于我国经济高质量发展的几点认识［N］．人民日报，2018-01-17．

［16］刘益，衣凤鹏，谢巍．中国区域新闻出版业发展指数研究［J］．中国出版，2016（18）：8-12．

［17］柳斌杰．高质量发展的新时代，出版业要怎么谋划新作为？［N］．中国出版传媒商报，2018-02-01．

［18］马克思．资本论［M］．北京：人民出版社，2004．

［19］彭晔．北京地区传统出版社数字化转型的思考［J］．出版发行研究，2015（9）：39-42．

［20］彭翊．中国城市文化产业发展评价体系研究［M］．北京：中国人民大学出版社，2011．

［21］蒲晓晔，Jarko Fidrmuc．中国经济高质量发展的动力结构优化机理研究［J］．西北大学学报，2018，48（1）：113-118．

［22］乔东亮，喻国明，陈勤．首都出版业可持续发展问题研究［J］．北京社会科学，2006（6）：23-30．

［23］曲哲涵．如何理解中国经济转向高质量发展［N］．人民日报，2017-10-31．

［24］任保平，李禹墨．新时代我国高质量发展评判体系的构建及其转型路径［J］．陕西师范大学学报，2018，47（3）：42-51.

［25］申维辰，焦斌龙．评价文化：文化资源评估与文化产业评价研究［M］．太原：山西教育出版社，2004.

［26］史征．文化创意产业发展指数的框架设计［J］．统计与决策，2010（7）：32-34.

［27］孙寿山．中国出版业国际竞争力的分析框架与评价指标体系设计［J］．出版发行研究，2004（9）：18-24.

［28］唐守廉，朱虹．国际文化创意产业发展指数研究［J］．科技进步与对策，2014（2）：129-135.

［29］王安琪．省际文化产业竞争力评价指标体系研究［J］．经济论坛，2009（9）：121-124.

［30］王军．准确把握高质量发展的六大内涵［N］．证券日报，2017-12-24.

［31］王岚，赵国杰．中国地区文化产业竞争力评价模型［J］．天津大学学报，2009（1）：14-17.

［32］王琳．文化产业的发展与预测［M］．天津：天津社会科学院出版社，2005.

［33］王少波，李丽萍，陈莹．"高质量发展"启发出版新路径［N］．中国出版传媒商报，2018-03-06.

［34］谢媛媛．新闻出版产业发展指数及其影响因素研究［D］．合肥工业大学博士学位论文，2016.

［35］许正明．提高图书质量攀登出版高峰［J］.中国编辑，2017（1）：4-5.

［36］薛晓光．文化产业评价指标体系的建立及应用［J］．财政监督，2010（10）：33-37.

［37］杨伟民．贯彻中央经济工作会议精神，推动高质量发展［J］．宏观经

济管理，2018（2）：13-17.

［38］衣凤鹏，刘益，付海燕．新闻出版业发展评价指标体系的构建［J］．中国出版，2016（18）：3-7.

［39］臧志彭．中国网络文化产业发展指数构建与动态演化实证分析［J］．统计与决策，2015（1）：103-106.

［40］张榕．北京数字出版业发展现状问题与对策［D］．北京印刷学院硕士学位论文，2012.

［41］赵昌文．推动我国经济实现高质量发展［N］．学习时报，2017-12-25.

［42］赵继敏．北京出版业历史、问题及建议［J］．合作经济与科技，2017（18）：40-41.

［43］赵立涛，徐建中．我国出版产业国际竞争力评价研究［J］．学习与探索，2006（5）：206-208.

［44］赵彦云，余毅，马文涛．中国文化产业竞争力评价和分析［J］．中国人民大学学报，2006（4）：31-33.

［45］浙江省委宣传部，浙江统计局．2011年浙江省文化发展指数（CDI）报告（浙宣〔2012〕75号）．

［46］程文广，赵捷．高等教育质量：内涵、外延及其意义［J］．湖北社会科学，2012（11）：174-178.

［47］冯宏声．大数据时代，新闻出版业如何跟进［N］．中国新闻出版广电报，2016-09-09.

［48］熊彼特．经济发展理论［M］．王永胜译．上海：立信会计出版社，2017.

［49］Lucas R. E. On the Mechanics of Economic Development［J］. Journal of Monetary Economics，1988（22）：3-42.

［50］彭罗斯．企业增长理论［M］．赵晓译．上海：上海人民出版社，

2007.

［51］费德勒．媒介形态变化——认识新媒介［M］．明安香译．北京：华夏出版社，1997.

［52］柳斌杰．加快传统出版与数字出版的融合发展［J］．现代出版，2011（4）：5-8.

［53］刘濛，隅人．抗疫图书生产与出版高质量发展［J］．科技出版，2020（5）：35-41.

［54］萧宿荣．图书出版高质量发展路径初探——以南方传媒为例［J］．出版发行研究，2018（9）：67-70.

［55］贾淑艳，姜珊．新时期出版业实现高质量发展的路径与模式探索［J］．出版参考，2020（5）：26-28.

［56］黄晗．中国出版业高质量发展：内涵与路径［J］．科技传播，2020（3）：78-79.

［57］李小燕，田欣，郑军卫，侯春梅，马瀚青．我国数据出版前景探析［J］．中国科技期刊研究，2015（8）：792-799.

［58］廖燕，魏秀菊．学术期刊移动出版的可行性及功能分析［J］．编辑学报，2016（2）：114-118.

［59］孙玉玲．大数据时代数字出版产业的发展趋势［J］．出版发行研究，2013（4）：5-8.

［60］张莉婧，张新新．基于人工智能技术的出版流程智能再造——智能出版研究述略［J］．出版与印刷，2020（3）：1-11.

［61］张新新．数字出版营销能力、策略及渠道［J］．中国出版，2020（16）：33-38.

［62］方卿，张新新．推进出版业高质量发展的几个面向［J］．科技与出版，2020（5）：6-13.

［63］张新新．新闻出版业5G技术应用原理与场景展望［J］．中国出版，2019（18）：10-13．

［64］王亚楠．5G环境下出版产业商业模式变革研究［J］．中国出版，2020（19）：52-55．

［65］刘枫．5G出版业的革新路径：从知识传播中介到智能匹配平台［J］．编辑之友，2019（7）：28-33．

［66］曹小杰．走向智能定制：5G技术重构内容出版流程［J］．编辑之友，2019（7）：23-37．

［67］徐丽芳，陈铭．5G时代的虚拟现实出版［J］．中国出版，2019（18）：3-9．

［68］刘华，黄金池．大数据驱动出版业生态系统的机理及因应政策［J］．出版发行研究，2016（5）：28-31．

［69］张凡．科技出版企业向知识服务转型的管理创新［J］．中国编辑，2020（10）：39-42．

［70］张海生，吴朝平．人工智能与出版融合发展：内在机理、现实问题与路径选择［J］．中国科技期刊研究，2019（3）：225-231．

［71］谢文亮．移动互联网时代学术期刊的微信公众号服务模式创新［J］．中国科技期刊研究，2015（1）：65-71．